Victor Valentim

O LIVRO COMPLETO DA QUIROMANCIA

O GUIA DEFINITIVO PARA LER AS MÃOS

MADRAS®

Editor:
Wagner Veneziani Costa (*in memoriam*)

Produção e Capa:
Equipe Técnica Madras

Revisão:
Ana Paula Luccisano
Neuza Rosa

Ilustrações:
Gabi Violeta

Dados Internacionais de Catalogação na Publicação (CIP)
(Câmara Brasileira do Livro, SP, Brasil)

Valentim, Victor
O livro completo da quiromancia : o guia definitivo para ler as mãos / Victor Valentim. --São Paulo : Madras Editora, 2025.

Bibliografia.
ISBN 978-65-5620-100-9

1. Adivinhação 2. Autoajuda 3. Espiritualidade
4. Quiromancia I. Título.

25-256168 CDD-133.6

Índices para catálogo sistemático:

1. Quiromancia 133.6
Eliane de Freitas Leite - Bibliotecária - CRB 8/8415

MADRAS EDITORA LTDA.
Rua Paulo Gonçalves, 88 – Santana
CEP: 02403-020 – São Paulo/SP
Tel.: (11) 2281-5555 – (11) 98128-7754
www.madras.com.br

Este livro é dedicado com todo o meu carinho e gratidão ao Vô Moreira, à Vó Ilda e Titia Tite, cujas histórias, sabedoria e amor sempre iluminaram meu caminho.

Que as mãos de vocês, que tanto me ensinaram e me cuidaram, sejam sempre lembradas como símbolos de força, afeto e inspiração.

Índice

Capítulo 3

Capítulo 4

Capítulo 5

Capítulo 6

Capítulo 7

Capítulo 8

Capítulo 9

Capítulo 10

Capítulo 11

Capítulo 12

Capítulo 13

Capítulo 14

Capítulo 15

Capítulo 16

Capítulo 17

Introdução

Minhas Mãos no Caminho da Quiromancia

Minha paixão pela quiromancia nasceu de um gesto simples, mas cheio de magia: a curiosidade. Sempre acreditei que existe muito mais neste mundo do que aquilo que os olhos conseguem ver — e foi essa sede de entender o invisível, o que vibra por trás das coisas, que me levou até o universo da leitura das mãos.

Um dia, percebi que as mãos — essas mesmas que tocam, acolhem, criam e transformam — também guardam segredos. Segredos antigos, profundos, íntimos. Linhas que contam histórias que às vezes nem a própria pessoa se dá conta de que carrega. Foi ali, diante de uma palma estendida e de um olhar que pedia respostas, que algo em mim se acendeu.

Com o coração aberto e uma vontade imensa de mergulhar nesse saber ancestral, iniciei minha jornada há mais de quinze anos. E a cada mão que eu lia, um novo mundo se revelava.

Descobri que nossas mãos são mapas vivos. Elas mostram medos, talentos, caminhos, feridas, forças, encontros e escolhas. São como livros sagrados escritos com linhas de pele — basta saber escutar.

A quiromancia, pra mim, nunca foi só uma técnica. Ela virou caminho. Virou um portal pra dentro. Um espaço onde o toque vira mensagem, onde o silêncio da mão grita verdades que a boca ainda não teve coragem de dizer. Cada linha é um fio que conecta o que fomos, o que somos e o que ainda podemos nos tornar. E isso... é pura magia.

Este livro é o resultado dessa caminhada. É feito com amor, respeito e encantamento. É meu jeito de retribuir tudo o que aprendi ao longo desses anos com cada mão que me confiou sua história. E é também um convite pra você se escutar mais de perto. Quem sabe, aquilo que você tanto procura não esteja exatamente aí — guardado na palma da sua mão, esperando que você olhe com mais carinho, mais presença... e um pouquinho de magia também.

Capítulo 1

Por que Aprender Quiromancia?

Aprender quiromancia é como abrir um livro antigo, escrito pelas suas próprias vivências, em que cada linha na palma da mão carrega capítulos inteiros da sua existência. Não se trata apenas de prever o futuro — essa é apenas a superfície. A verdadeira magia está em mergulhar nas profundezas da alma, reconhecendo que cada dobra da pele guarda histórias, medos, desejos e vitórias.

A quiromancia é uma aliada silenciosa, que nos guia com ternura pelos caminhos do autoconhecimento. Ela nos convida a olhar com mais atenção para nós mesmos e para o outro, com menos julgamento e mais empatia. Ao estudar as mãos, aprendemos a ler o invisível, a perceber o que está além das palavras. Aprendemos a sentir com o coração e interpretar com a alma.

É também uma ferramenta poderosa de cura. Porque quando reconhecemos nossas potências, nossas feridas e nossas escolhas gravadas nas mãos, conseguimos aceitar quem somos com mais gentileza. A quiromancia nos desperta. Ela nos lembra que somos únicos. E, principalmente, nos recorda que a magia não está em fórmulas prontas, mas sim no toque, no gesto, no cuidado e na escuta silenciosa de si.

Aprender a linguagem das mãos é como aprender a conversar com o próprio destino — e isso muda tudo.

O que as Suas Mãos Dizem sobre Você?

Suas mãos são oráculos vivos. Elas respiram, sentem, seguram o mundo e, ao mesmo tempo, revelam seu mundo interior. Cada linha traçada, cada curva e cada monte escondem mensagens profundas sobre quem você é, sobre o que traz no peito e até onde pode chegar. As mãos não mentem. Elas mostram com sinceridade os caminhos que você já percorreu, os bloqueios que precisa superar e os potenciais adormecidos que esperam ser despertos.

Quando você olha para as próprias mãos com atenção e respeito, percebe que elas guardam mais do que aparentam. Ali estão os dons herdados, as escolhas feitas, os momentos de dor e os recomeços. As mãos nos dizem quando fomos fortes, quando hesitamos, quando confiamos demais e quando seguramos o que deveríamos ter deixado ir.

E é lindo pensar que, mesmo sem sabermos, já estamos há anos escrevendo nossa história nelas — como se o corpo sempre soubesse o que a alma precisa dizer.

A quiromancia nos ensina a confiar mais na nossa intuição, a reconhecer padrões que se repetem, a valorizar nossas forças e a trabalhar nossas sombras. É um lembrete de que a espiritualidade não está só nos altares ou nos rituais, mas também nas pequenas coisas. Nas mãos que se estendem, nos dedos que tocam, nos gestos que curam.

Por isso, antes de buscar respostas fora, olhe para suas mãos. Porque ali, onde poucos olham com profundidade, mora um universo inteiro esperando para ser lido.

Por que Aprender a Ler Suas Próprias Mãos?

1. **Autoconhecimento Profundo:**
   Ao aprender quiromancia, você começa a identificar padrões, talentos e desafios que podem estar moldando sua vida. Ler sua própria mão é como abrir um livro de histórias que revela capítulos sobre sua essência, sua jornada e seu destino.

2. **Clareza para Tomar Decisões:**
   As mãos não ditam o futuro, mas mostram caminhos possíveis. Quando entendemos melhor nossas características, talentos e tendências, ficamos mais preparados para tomar decisões alinhadas com nosso verdadeiro eu.

3. **Reconexão com a Intuição:**
A prática da quiromancia nos reconecta com a intuição, ajudando a confiarmais no que sentimos e percebemos. Ler a própria mão é como ouvir uma conversa silenciosa entre sua mente, seu coração e espírito.

4. **Fortalecimento Pessoal:**
Ao identificar seus potenciais e desafios, você ganha mais autoconfiança para trabalhar em si mesmo, fortalecer suas virtudes e superar dificuldades.

Sim, Você Pode Ler Sua Própria Mão

Uma das perguntas mais comuns que surgem quando falamos de quiromancia é: "Posso ler minha própria mão?" A resposta é simples: **sim!** Aprender a interpretar marcas, formas e linhas de sua própria mão é não apenas possível, mas também extremamente enriquecedor.

Ao contrário do que muitos pensam, não é necessário ter poderes especiais para ler mãos. O que você precisa é paciência, prática e abertura para aprender. A cada leitura, sua habilidade aumenta e a relação com suas mãos se aprofunda. É como uma conversa que se torna mais clara e significativa com o tempo.

Capítulo 2

A História e a Origem da Quiromancia

A quiromancia, a arte de interpretar o destino e os segredos da alma pelas mãos, é uma prática tão antiga quanto a própria humanidade. Desde os tempos mais remotos, as linhas das mãos foram vistas como mapas enigmáticos, capazes de refletir o espírito, revelar traços de personalidade e até lançar luz sobre o futuro. Sua magia ultrapassou continentes, conectando reis e plebeus, sábios e curiosos, místicos e cientistas.

As Primeiras Pegadas no Tempo

Os registros mais antigos sobre quiromancia vêm de culturas como a da Índia, da China, do Egito e da Mesopotâmia, há mais de cinco mil anos.

Índia

Na Índia, essa arte era profundamente conectada à astrologia védica, sendo considerada um presente divino. Acreditava-se que as linhas das mãos eram traçadas pelos deuses no momento do nascimento, refletindo o carma de cada pessoa e os desafios que ela enfrentaria.

A Índia é amplamente considerada o berço da quiromancia como prática formalizada. Os textos védicos, como o *Samhita* (1500-500 a.C.), mencionam métodos de leitura de mãos ligados ao carma e ao dharma. Mais tarde, o *Hasta Samudrika Shastra* (Ciência da Quiromancia) foi compilado, relacionando as características das mãos com traços de personalidade e destino. Na filosofia hindu, as linhas das mãos eram vistas como registros da vida passada e traços do futuro.

Segundo o *Rig Veda*, as mãos humanas simbolizam a conexão entre o mundo material e o espiritual, sendo instrumentos que revelam o destino individual.[1]

China

Na China, manuscritos antigos associavam as mãos aos cinco elementos — madeira, fogo, terra, metal e água. Naquele país, a quiromancia está interligada ao sistema de energia vital conhecido como *Qi*. Textos clássicos chineses, como o *I Ching* (O Livro das Mutações), indicam que as marcas nas mãos eram interpretadas como manifestações de equilíbrio energético e harmonia entre o yin e o yang. A prática também

1 **Fonte:** *Samhita* e *Hasta Samudrika Shastra* Kane, P. V. *History of Dharmaśāstra*. Bhandarkar Oriental Research Institute, 1941.
Subramaniam, K. *Hasta Samudrika Shastra: The Indian Science of Palmistry*. Bharatiya Vidya Bhavan, 1972.
Gonda, J. *Vedic Literature*. Otto Harrassowitz Verlag, 1975.

foi documentada durante a Dinastia Zhou (1046-256 a.C.), na qual as mãos eram lidas para prever a saúde e o sucesso.

A arte da leitura das mãos na China estava conectada à medicina tradicional e à filosofia taoista, usando as linhas como guias para avaliar o fluxo do *Qi* no corpo.[2]

Egito

Já no Egito, as mãos eram símbolos de poder e destino, estudadas por sacerdotes em templos sagrados. Dizem que o faraó Tutancâmon consultava quiromantes para orientações sobre batalhas e decisões importantes.

No antigo Egito, a quiromancia era associada ao simbolismo sagrado e à astrologia. O povo egípcio acreditava que as mãos eram um espelho da alma, conectadas às estrelas e ao destino. Relíquias como o *Papiro de Ebers* (1550 a.C.), um dos mais antigos textos médicos do mundo, mencionam a observação de mãos para determinar saúde e traços espirituais. A quiromancia era praticada por sacerdotes, que viam nas mãos um reflexo das vontades dos deuses.

Os hieróglifos e murais mostram sacerdotes usando as mãos como ferramentas divinas, reforçando a ligação entre as linhas da palma e o propósito espiritual.[3]

---

2 **Fonte:** *I Ching* e Dinastia Zhou Wilhelm, Richard. *The I Ching or Book of Changes.* Penguin Books, 1950.

Kohn, Livia. *The Taoist Experience: An Anthology*. State University of New York Press, 1993.

Needham, Joseph. *Science and Civilisation in China*. Cambridge University Press, 1954.

3 **Fonte:** *Papiro de Ebers Ebbell, Bendix. The Papyrus Ebers: The Greatest Egyptian Medical Document. Levin & Munksgaard, 1937.*

Nunn, John F. *Ancient Egyptian Medicine*. University of Oklahoma Press, 1996.

Wilkinson, Richard H. *The Complete Gods and Goddesses of Ancient Egypt.* Thames & Hudson, 2003.

Mesopotâmia

A Mesopotâmia, considerada o berço da civilização, foi uma das primeiras culturas a documentar práticas divinatórias. Textos babilônicos, como os escritos do *Enuma Anu Enlil* (século 2 a.C.), detalham métodos de previsão do futuro baseados em sinais corporais, incluindo a quiromancia. Os sacerdotes babilônicos interpretavam as mãos como símbolos de comunicação divina, vendo nas linhas e marcas das palmas reflexos das mensagens dos deuses.

Evidências arqueológicas de tabuinhas cuneiformes encontradas em Nínive mostram descrições de práticas divinatórias relacionadas ao corpo humano, indicando que a quiromancia fazia parte das tradições babilônicas.[4]

Quiromancia na Grécia e em Roma

Foi na Grécia Antiga que a quiromancia começou a ganhar o *status* de ciência espiritual. Aristóteles, o filósofo, teria descoberto um manuscrito sobre leitura das mãos no templo de Hermes e presenteado Alexandre, o Grande. Alexandre acreditava que as marcas em suas mãos confirmavam seu destino como conquistador.

Os romanos também adotaram a prática. Júlio César, conhecido por sua astúcia, utilizava a quiromancia para avaliar aliados e inimigos, acreditando que as mãos revelavam mais do que palavras poderiam dizer.

4 **Fonte:** Lambert, W. G. *Babylonian Oracle Texts.* Oxford University Press, 1967. Oppenheim, A. Leo. *Ancient Mesopotamia: Portrait of a Dead Civilization.* University of Chicago Press, 1964.

A Renascença e a Redescoberta

Com a queda de Roma, a quiromancia foi perseguida na Idade Média, considerada heresia. No entanto, os ciganos mantiveram a tradição viva, passando-a de geração em geração como um dom espiritual.

Durante o Renascimento, a quiromancia renasceu com força. Alquimistas como Paracelso ligaram as mãos aos elementos da natureza e aos temperamentos humanos. Livros e tratados começaram a circular, trazendo a prática para salões nobres e universidades.

Quiromancia Moderna: os Grandes Nomes

O século XIX trouxe uma nova era para a quiromancia, com nomes que modernizaram e popularizaram a arte:

- **William John Warner (popularmente conhecido como Cheiro):** reconhecido como o maior quiromante de sua época, atendeu celebridades, como Mark Twain, Mata Hari, Oscar Wilde e Thomas Edison, afirmando que as mãos eram "livros abertos do destino".
- **Oscar Wilde:** fascinado pela arte, encontrou na quiromancia uma forma de refletir sobre sua vida criativa e controversa.
- **Thomas Edison:** considerava a quiromancia uma ponte entre ciência e espiritualidade, buscando nela respostas além da lógica.

O Fascínio pela Quiromancia ao Longo do Tempo

O que me fascina na quiromancia é como ela conecta o autoconhecimento à magia. Cada linha parece um símbolo codificado, esperando para ser desvendado. Essa arte, para mim, não é apenas sobre prever o futuro, mas também sobre entender quem somos e o que podemos alcançar.

Por isso, acredito que nossas mãos guardam não só histórias pessoais, mas igualmente pedaços de uma sabedoria maior, que une o humano ao divino.

Curiosidades que Encantam

- Na Índia antiga, sacerdotes liam as mãos de recém-nascidos para prever seus destinos e sugerir nomes auspiciosos.
- Durante a Primeira Guerra Mundial, soldados britânicos buscaram quiromantes antes de entrar em combate, em busca de coragem e direção.
- No Japão, uma prática semelhante chamada Té-a-té ajudava a determinar prosperidade futura.

As Escolas de Quiromancia – Tradições e Saberes Hereditários

A quiromancia, a arte de ler as mãos, tem raízes antigas e é praticada de diferentes formas ao redor do mundo. Embora todos compartilhem o objetivo de entender a personalidade e o destino de uma pessoa, a abordagem para essa leitura varia de acordo com a escola ou tradição seguida. Existem diversas **escolas de quiromancia**, como a **europeia**, a **francesa**, e até mesmo vertentes mais contemporâneas, cada uma com suas metodologias e técnicas de interpretação das linhas, montes e marcas da palma.

A **escola europeia** é uma das mais tradicionais e é bastante conhecida por seu enfoque nas linhas principais da mão, como a Linha da Vida, a Linha do Coração e a Linha da Cabeça. Esta escola, muito influenciada pelas antigas tradições esotéricas e pela filosofia hermética, tende a observar profundamente as formas e as marcas da mão, associando-as a diferentes aspectos da personalidade e da jornada da vida.

A **escola francesa** traz uma abordagem mais técnica e detalhada. Os quiromantes franceses, historicamente, eram conhecidos pela sistematização de um método que combina a análise das linhas com os aspectos psicológicos da pessoa. A atenção aos montes da mão (as áreas elevadas sob os dedos) também é uma característica marcante dessa vertente, além do foco na interpretação das falanges dos dedos e seus significados astrológicos.

Entretanto, é importante destacar que, ao longo da história, muitos conhecimentos sobre a quiromancia foram passados de maneira **hereditária**, dentro de famílias ou comunidades de mestres que transmitiam esses saberes de geração para geração. Esses ensinamentos muitas vezes não estavam registrados em livros, mas eram passados oralmente e com base em experiências pessoais dos praticantes. Essa transmissão de saber é um aspecto fundamental da quiromancia, pois possibilita que cada praticante desenvolva sua própria visão e interpretação das mãos, através da observação e intuição.

A forma correta de ler mãos

É importante destacar que, **não existe uma forma "correta" ou "perfeita" de realizar uma leitura de mãos**. A quiromancia é uma prática **flexível** e aberta, que se adapta à visão do praticante e à sua interpretação dos símbolos na palma. Alguns quiromantes preferem seguir os métodos tradicionais de leitura, enquanto outros desenvolvem suas próprias técnicas, incorporando ensinamentos de diferentes escolas ou até mesmo combinando com outras práticas esotéricas e espirituais.

Por isso, não há um único jeito certo de interpretar uma mão. A leitura das mãos é uma arte pessoal, em que cada intérprete traz sua própria energia, intuição e compreensão do simbolismo. O que realmente importa é a capacidade de usar a leitura da mão para proporcionar insights sobre a vida, as emoções e os caminhos da pessoa.

O Valor do Estudo Contínuo

Embora não exista uma "fórmula perfeita", uma característica comum a todos os grandes mestres de quiromancia é o **compromisso com o estudo contínuo**. Os quiromantes mais respeitados são aqueles que buscam constantemente expandir seus conhecimentos, seja por meio de livros, práticas, cursos ou interações com outros estudiosos da arte. A quiromancia é um campo vasto e profundo, que envolve a interpretação não apenas das linhas e marcas, mas também o entendimento dos aspectos psicológicos e espirituais de quem consulta. Com o tempo, é possível integrar novas técnicas e atualizações, aprimorando as leituras e tornando-as mais precisas.

Portanto, a quiromancia não é uma ciência exata, mas uma **arte em constante evolução**. O verdadeiro aprendizado ocorre à medida que se adquire experiência prática e se compartilham as descobertas ao longo da jornada. Cada mão lida é uma oportunidade de aprendizado e crescimento, tanto para o quiromante quanto para a pessoa que busca entender mais sobre si mesma.

Capítulo 3

Qual Mão Ler? A Diferença entre as Mãos

Uma das primeiras dúvidas de quem começa a se interessar pela quiromancia é qual mão deve ser lida. Essa pergunta é natural, já que nossas duas mãos, embora pareçam semelhantes, carregam significados distintos. A resposta, no entanto, vai além de escolher uma ou outra, porque ambas desempenham papéis essenciais na interpretação. A verdadeira arte está em saber como integrá-las para obter uma visão mais completa.

Entendendo o Papel de Cada Mão

Na quiromancia, as mãos são como espelhos, mas cada uma reflete aspectos diferentes da vida de uma pessoa. A diferença entre elas está diretamente relacionada à dominância, que tem um impacto significativo no que cada mão simboliza.

- **Mão Dominante (ou Ativa):** esta é a mão que usamos para a maioria das atividades práticas e cotidianas, como escrever, segurar objetos ou gesticular. Para a maioria das pessoas, essa será a mão direita. Na leitura, ela representa o presente e o futuro, mostrando como o indivíduo está moldando sua vida com base em suas escolhas, atitudes e esforços. Ela reflete quem a pessoa é no momento e a direção para a qual está indo.
- **Mão não Dominante (ou Passiva):** esta é a mão menos usada no dia a dia, geralmente a esquerda. Na quiromancia, ela simboliza o passado e o potencial inato da pessoa – aquilo que ela trouxe consigo ao nascer, como talentos naturais, traços de personalidade e inclinações espirituais. É a mão que revela o "plano original", uma espécie de ponto de partida que mostra o que estava disponível antes das influências externas.

A Importância de Ler Ambas as Mãos

Ler apenas uma mão pode oferecer *insights* valiosos, mas a verdadeira riqueza da quiromancia está em comparar e interpretar ambas. Cada mão tem algo único a dizer e, juntas, elas contam uma história completa: o que veio de antes, o que está acontecendo agora e o que está sendo construído para o futuro.

Por exemplo, imagine uma pessoa com um grande talento artístico nato, revelado pela mão passiva. No entanto, sua mão dominante pode mostrar pouca atividade relacionada a isso, sugerindo que ela não está usando ou desenvolvendo plenamente essa habilidade. Em contrapartida, as mãos podem revelar mudanças positivas – alguém que nasceu com traços de timidez ou insegurança pode ter desenvolvido autoconfiança ao longo do tempo, algo visível na evolução entre a mão passiva e a dominante.

Comparar as mãos permite compreender o progresso, os desafios superados e até os caminhos que ainda podem ser explorados.

E Quando as Mãos Parecem Iguais?

Nem sempre a diferença entre as mãos é evidente à primeira vista. Algumas pessoas têm mãos muito semelhantes, com marcas e formas quase idênticas. Isso geralmente indica que o indivíduo vive de maneira muito alinhada ao seu potencial original — ou seja, o que ela trouxe ao nascer está em plena harmonia com o que ela tem desenvolvido. É algo que pode ser tanto positivo, como em alguém que abraça seus dons naturais, quanto um alerta para padrões repetitivos que podem estar limitando o crescimento.

E as Pessoas Ambidestras?

Quando lidamos com pessoas ambidestras, a abordagem pode ser um pouco diferente. Como ambas as mãos são usadas com frequência e habilidade, elas podem não seguir a divisão clara entre dominante e passiva. Nesse caso, é essencial observar mais de perto o comportamento e os gestos do indivíduo.

1. **Observação dos Gestos Naturais:** muitas vezes, uma das mãos é usada de forma mais espontânea em situações emocionais ou intuitivas. Essa mão pode ser tratada como a passiva, enquanto a outra assume o papel de dominante.

2. **Divisão de Funções:** mesmo em pessoas ambidestras, é comum que uma das mãos seja preferida para tarefas práticas, como escrever, enquanto a outra é mais ativa em atividades criativas ou reflexivas. Identificar esses padrões ajuda a interpretar melhor as mensagens de cada mão.
3. **Análise Isolada:** se nenhuma diferença clara puder ser identificada, ambas as mãos podem ser lidas separadamente, tratando-as como complementares. Nesse caso, as duas mãos podem trazer informações sobre o presente e o futuro, exigindo uma interpretação mais integrada.

O desafio de ler mãos ambidestras pode parecer complexo, mas também oferece uma riqueza de detalhes. Muitas vezes, essas pessoas possuem uma vida particularmente equilibrada ou versátil, algo que se reflete em suas mãos.

A Dinâmica das Mãos na Vida Real

É interessante observar que, ao longo da vida, as mãos podem mudar. Embora os traços básicos permaneçam, pequenos detalhes, como a profundidade das marcas ou o formato geral, podem se alterar de acordo com as escolhas e as experiências da pessoa. Isso reforça a ideia de que a mão dominante reflete o presente, enquanto a mão passiva guarda um registro mais estável do potencial inicial.

Por isso, gosto de dizer que nossas mãos não são apenas mapas, mas também diários que registram o que estamos vivendo. A cada experiência significativa, decisão ou mudança, algo nelas pode se transformar. Essa dinâmica é particularmente evidente quando analisamos ambas as mãos juntas, comparando o que é estável com o que está em movimento.

Dicas para Identificar a Mão Dominante

Uma das primeiras etapas na leitura quiromântica é identificar qual é a mão dominante da pessoa — afinal, cada mão carrega informações distintas. Tradicionalmente, a mão dominante revela aspectos do presente, da consciência e do que a pessoa desenvolve ativamente, enquanto a mão não dominante fala mais sobre potencialidades, heranças inconscientes e tendências inatas. Mas como identificar, de forma sutil e eficiente, qual mão deve ser lida com mais atenção?

Aqui compartilho algumas dicas práticas, frutos não só dos estudos, mas também da minha vivência nesses mais de quinze anos de leituras e atendimentos:

1. Pergunte diretamente

Pode parecer óbvio, mas muitas vezes o caminho mais simples é o mais eficaz. Perguntar diretamente qual mão a pessoa usa para escrever, comer ou realizar tarefas diárias traz clareza imediata. A maioria das pessoas sabe prontamente se é destra ou canhota. Durante minhas consultas, essa pergunta inicial já cria um momento de leve descontração, em que o consulente começa a se conectar com seu corpo e sua história de uma forma natural.

2. Observe os gestos espontâneos

Com o tempo, percebi que nosso corpo fala muito mais do que imaginamos. Em muitos atendimentos, mesmo antes de fazer qualquer pergunta, gosto de observar como a pessoa se expressa. A mão dominante costuma ser aquela que acompanha os gestos durante a conversa: é a mão que toca no cabelo, que ajeita algo na mesa, que enfatiza palavras com movimentos. Já vi pessoas que, mesmo dizendo serem destras, expressavam uma naturalidade incrível com a mão esquerda — nesses casos, sempre presto atenção extra às duas mãos, pois há algo interessante ali sobre equilíbrio ou ambidestria inconsciente.

3. Repare nos sinais físicos

Outra dica que aprendi na prática é observar a aparência das mãos. A mão dominante, normalmente, carrega marcas sutis do uso constante: calos, músculos um pouco mais firmes, pele mais áspera em alguns casos. A mão passiva tende a ser mais suave, com uma energia menos tensa, como se estivesse "em repouso". Eu me recordo de uma cliente que trabalhava como artesã; bastava olhar para suas mãos para perceber que a direita, repleta de pequenas marcas, era claramente a mão ativa — suas linhas até pareciam mais pronunciadas, quase como um reflexo do movimento diário.

4. Considere fatores emocionais ou culturais

Há também situações curiosas em que a pessoa foi ensinada, por questões culturais ou familiares, a usar uma mão diferente da que naturalmente escolheria. Já atendi pessoas canhotas que foram incentivadas desde a infância a escrever com a mão direita, e, ao longo dos anos, desenvolveram um certo equilíbrio entre ambas as mãos. Nesses casos, observo com ainda mais atenção como cada mão "se comporta" energeticamente, pois pode haver informações preciosas distribuídas nas duas.

Com o tempo, aprendi que identificar a mão dominante vai além de um simples detalhe técnico: é um momento de conexão. Cada mão conta uma história, mas saber qual delas reflete o que a pessoa construiu conscientemente e qual revela suas raízes mais profundas permite que a leitura se torne mais precisa, respeitosa e enriquecedora.

Costumo dizer que as mãos são como livros abertos, mas cabe ao quiromante entender qual capítulo está sendo escrito no presente e qual já vem sendo tecido silenciosamente desde antes. E tudo isso pode começar com um olhar atento, um gesto ou uma simples pergunta.

Capítulo 4

Desmistificando a Quiromancia

A quiromancia, assim como muitas práticas místicas, carrega uma aura de mistério e fascinação. No entanto, também está cercada por mitos e equívocos que podem distorcer sua verdadeira essência. É fundamental entender o que a quiromancia realmente representa e o que ela não é, para que possamos aproveitar todo o seu potencial como uma ferramenta de autoconhecimento e orientação.

A Quiromancia não é Ciência – é uma Arte Divinatória

Um dos primeiros pontos que devem ser esclarecidos é que a quiromancia não é uma ciência no sentido estrito da palavra. Ela não segue leis rígidas, como as ciências exatas ou naturais. Em vez disso, é uma arte divinatória, baseada em interpretação, intuição e observação cuidadosa.

Cada mão é única, assim como a pessoa a quem pertence. A quiromancia é uma prática que exige sensibilidade e uma conexão profunda com o simbolismo e as energias individuais. Não se trata de fórmulas ou certezas absolutas, mas de *insights* e reflexões que podem ajudar a iluminar caminhos.

Quem Faz o Seu Destino é Você

É importante lembrar que a quiromancia não tem o poder de determinar o futuro de forma inalterável. As mãos mostram potenciais, tendências e padrões, mas não definem quem você é ou o que pode ser. O destino está, literalmente, em suas mãos. É você quem tem o poder de moldar sua vida por meio de suas escolhas e ações.

Gosto de pensar na quiromancia como um espelho. Ela reflete o que está em sua essência e o que você tem manifestado até agora, mas o reflexo não é a verdade final. Ele pode ser mudado, ajustado ou lapidado. Assim como as linhas da mão podem evoluir ao longo do tempo, a vida também está em constante transformação, impulsionada por nossas decisões.

Desmistificando Mitos Comuns

1. **"A linha da vida determina quanto tempo você vai viver"**

   Esse é, sem dúvida, um dos boatos mais difundidos sobre a quiromancia. A linha da vida não indica a duração exata da sua existência, mas a qualidade da sua vitalidade, sua energia física e como você lida com os desafios. Uma linha curta ou fragmentada não é um mau presságio, apenas um indicativo de que podem haver períodos de mudanças significativas ou necessidade de cuidado com sua energia.

2. **"A quiromancia prevê eventos específicos do futuro"**

   Outro mito comum é que a quiromancia pode dizer exatamente quando algo vai acontecer. A verdade é que ela revela potenciais e caminhos, mas o desenrolar dos acontecimentos depende das suas escolhas e do contexto da vida. Por exemplo, a mão pode indicar que você tem um talento natural para liderar, mas é você quem decide se quer desenvolver essa habilidade.

O Poder Está em Suas Mãos

A frase "o poder está em suas mãos" nunca foi tão literal quanto na quiromancia. Suas mãos são como mapas que mostram os potenciais que você carrega, mas cabe a você decidir o que fazer com eles. Assim como o mapa não escolhe o caminho, a quiromancia apenas aponta possibilidades — você é o viajante que decide a rota.

Por isso, sempre digo que a quiromancia é uma aliada para o autoconhecimento, mas nunca uma sentença. Ela pode ajudar a identificar talentos adormecidos, padrões repetitivos ou até áreas que precisam de mais atenção, mas o que você fará com essa informação depende exclusivamente de você.

Separando a Realidade da Fantasia

A quiromancia também carrega muitos mitos que não fazem parte de sua prática legítima. Aqui estão alguns exemplos de equívocos:

1. **"Se a linha do coração é curta, você nunca será feliz no amor"**
   Nada poderia estar mais longe da verdade. A linha do coração reflete a maneira como você expressa e vivencia suas emoções, mas não determina seu destino amoroso. Você pode aprender e crescer em qualquer área da vida.
2. **"Mãos pequenas indicam fraqueza"**
   Essa ideia é um julgamento superficial. O tamanho das mãos, quando comparado ao do corpo, pode indicar inclinações, como um foco maior em detalhes (mãos pequenas) ou em visão ampla (mãos grandes), mas isso não tem relação com força ou fraqueza.
3. **"Quiromantes sabem tudo com apenas um olhar"**
   Ao contrário do que muitos filmes mostram, uma boa leitura exige tempo, atenção e uma troca energética com a pessoa. É uma prática profunda e detalhada, e não um ato instantâneo de adivinhação.

A Quiromancia como uma Ferramenta de Reflexão

A verdadeira beleza da quiromancia não reside apenas na leitura das linhas ou na precisão dos símbolos traçados na palma da mão. Ela floresce, sobretudo, em sua capacidade de nos convidar a uma pausa — uma pausa para olhar para dentro, para ouvir os sussurros da alma e refletir sobre quem somos, onde estamos e para onde desejamos ir.

Cada linha gravada em nossas mãos é como um fio delicado entre passado, presente e futuro. Um traço que não dita sentenças, mas sugere possibilidades. A quiromancia, nesse sentido, não impõe verdades; ela oferece espelhos. Espelhos que revelam tanto nossas fortalezas quanto nossas fragilidades, e que, ao serem lidos com atenção e respeito, nos permitem enxergar com mais clareza os caminhos que percorremos — e, principalmente, aqueles que ainda podemos escolher trilhar.

É como ter um guia sutil ao nosso lado, que não nos obriga a seguir um único trajeto, mas que acende pequenas luzes ao longo da estrada. Luzes que apontam encruzilhadas, atalhos, desafios e potenciais. Mas, acima de tudo, luzes que nos lembram que a caneta que escreve nossa história sempre esteve em nossas próprias mãos.

Ao praticar ou consultar a quiromancia, leve consigo esta certeza: o futuro não está gravado em pedra. Ele pulsa, vivo, maleável, como um rio que se adapta às margens, às correntezas, aos ventos. Ele é tecido, dia após dia, entre aquilo que você carrega em seu coração e as escolhas que faz no mundo lá fora.

Permita-se olhar para suas mãos como quem contempla um mapa misterioso — não para descobrir um destino fixo, mas para refletir sobre a jornada. Cada linha é uma pergunta disfarçada: estou onde gostaria de estar? Estou honrando meus dons? Estou caminhando na direção que minha essência deseja?

A quiromancia é esse convite silencioso à reflexão. Não para prever o inevitável, mas para que você reconheça o poder que tem de moldar seu próprio caminho, de se tornar, com consciência e coragem, o protagonista da sua história.

Capítulo 5

Os Quatro Elementos e os Tipos de Mãos

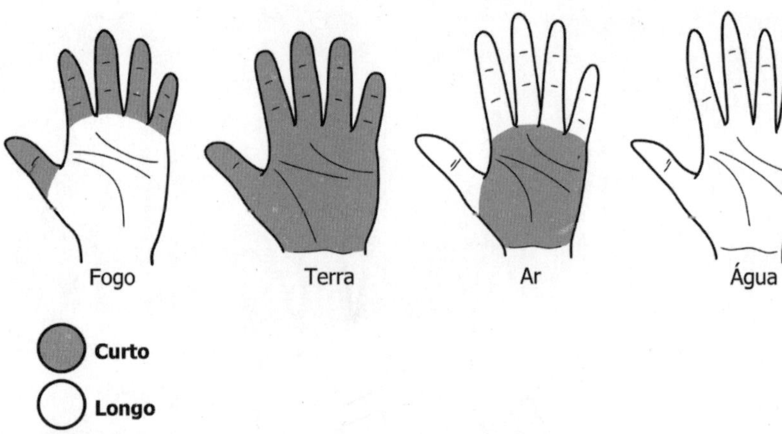

Na quiromancia, os quatro elementos – Fogo, Terra, Ar e Água – desempenham um papel fundamental para compreender as características das mãos e, consequentemente, da personalidade de quem as possui. Assim como na astrologia, cada elemento traz consigo traços únicos, que influenciam o comportamento, as emoções e até as habilidades naturais de uma pessoa. Neste capítulo, vamos explorar como os elementos se manifestam nas mãos, suas personalidades associadas e os signos conectados a cada tipo.

As Mãos e os Elementos: um Espelho do Ser

As mãos são extensões de nossa energia e essência, e os elementos se manifestam nelas de formas distintas. Essas manifestações vão além do formato: a textura, a temperatura e até a maneira como a mão é usada no dia a dia podem nos dar pistas sobre o elemento predominante. Conhecer o tipo de mão de cada elemento ajuda a entender melhor a conexão entre corpo, mente e espírito.

Mãos de Fogo

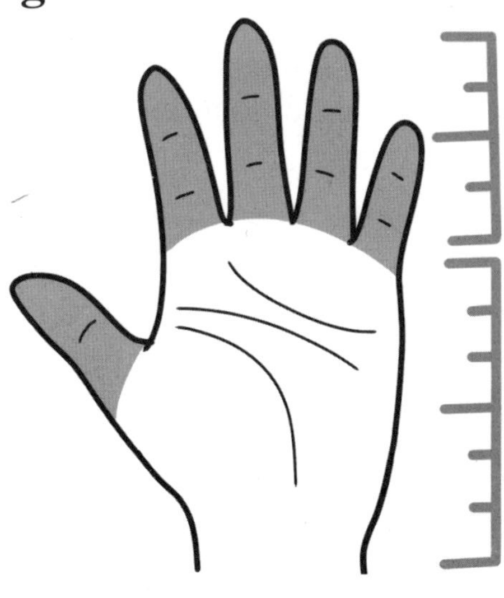

Formato:

As mãos de fogo são caracterizadas por palmas retangulares ou alongadas, com os dedos relativamente curtos em relação à palma.

As articulações tendem a ser bem definidas, e as mãos transmitem uma sensação de força e ação. É comum que as palmas pareçam mais largas do que os dedos, simbolizando a energia expansiva desse elemento.

Textura e Temperatura:

Mãos de fogo geralmente são quentes ao toque, refletindo a energia vibrante e ativa dessas pessoas. A textura pode ser seca ou levemente áspera, como se carregassem consigo o calor de um incêndio pronto para ser aceso. Essa energia é sentida não apenas fisicamente, mas também no magnetismo que esses indivíduos irradiam.

Personalidade:

Pessoas com mãos de fogo têm uma personalidade forte, apaixonada e muitas vezes impetuosa. Elas são movidas pela necessidade de conquistar, criar e liderar. Seu entusiasmo é contagiante, e elas têm uma habilidade natural para inspirar os outros. No entanto, podem ser vistas como intensas ou até dominadoras, especialmente quando sentem que suas ideias não estão sendo valorizadas.

São otimistas por natureza e têm uma tendência a agir antes de pensar, o que pode levá-las a cometer erros por impulsividade. Mas, para elas, errar faz parte do aprendizado – o importante é seguir em frente. A determinação é uma de suas maiores virtudes.

Signos Associados:

- Áries: representa o início, a ação direta e a coragem. Pessoas com mãos de fogo e características arianas têm uma energia pioneira, sempre buscando novos desafios.

- Leão: reflete a confiança e o desejo de brilhar. Essas pessoas têm um carisma natural e frequentemente atraem atenção sem esforço.
- Sagitário: simboliza o desejo de explorar e aprender. As mãos de fogo com traços sagitarianos mostram uma alma aventureira e filosófica, sempre em busca de crescimento.

Traços Marcantes:

- Líderes naturais, cheios de ideias e motivação.
- Podem ser impacientes ou propensos a explosões emocionais.
- Energéticos, criativos e sempre em busca de algo maior.

Mãos de Terra

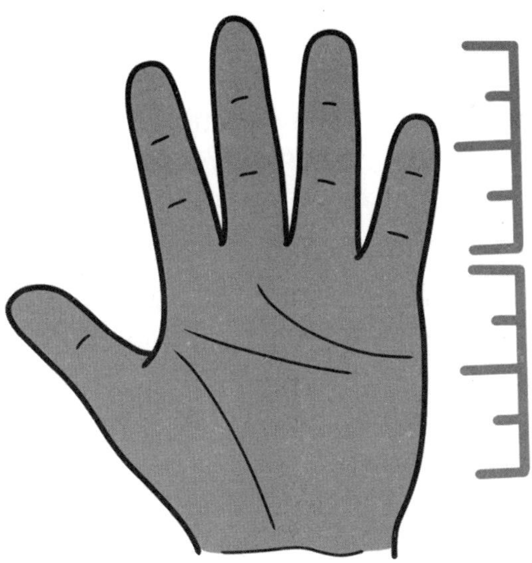

Formato:

As mãos de terra têm palmas quadradas ou retangulares, com dedos curtos e robustos. A proporção entre palma e dedos é equilibrada, e a aparência geral das mãos transmite solidez e força. Muitas vezes, os dedos são mais grossos e com articulações discretas, o que reforça a ideia de estabilidade.

Textura e Temperatura:

Essas mãos são firmes e frequentemente têm uma textura mais espessa ou áspera, simbolizando sua conexão com o mundo material. A temperatura pode ser levemente fria, mas isso não significa falta de energia – é apenas um reflexo da natureza prática e reservada desse elemento.

Personalidade:

Pessoas com mãos de terra são práticas, confiáveis e incrivelmente focadas. Elas têm os pés no chão e não se deixam levar por fantasias ou ilusões. Para elas, o que importa é o que pode ser construído, tocado e mantido. São trabalhadoras incansáveis, comprometidas com seus objetivos e leais em seus relacionamentos.

Essas pessoas valorizam a segurança e a estabilidade, tanto material quanto emocional. São ótimas em gerenciar recursos e planejar em longo prazo. No entanto, sua resistência a mudanças pode ser um desafio, especialmente em situações que exigem flexibilidade. Apesar disso, sua determinação e paciência são inabaláveis, tornando-as pilares em qualquer situação.

Signos Associados:

- Touro: reflete a busca por conforto, prazer e estabilidade. Pessoas com mãos de terra e características taurinas tendem a ser sensuais e altamente conectadas ao mundo físico.
- Virgem: simboliza a organização, o detalhe e a eficiência. Essas mãos refletem um forte senso de dever e um olhar aguçado para melhorias.

- Capricórnio: representa ambição e perseverança. As mãos de terra com traços capricornianos mostram pessoas que não têm medo de escalar montanhas metafóricas para alcançar seus objetivos.

Traços Marcantes:

- Pessoas confiáveis, práticas e orientadas para resultados.
- Podem ser teimosas ou relutantes em sair da zona de conforto.
- Excelentes em criar estruturas sólidas, seja no trabalho, seja na vida pessoal.

Mãos de Ar

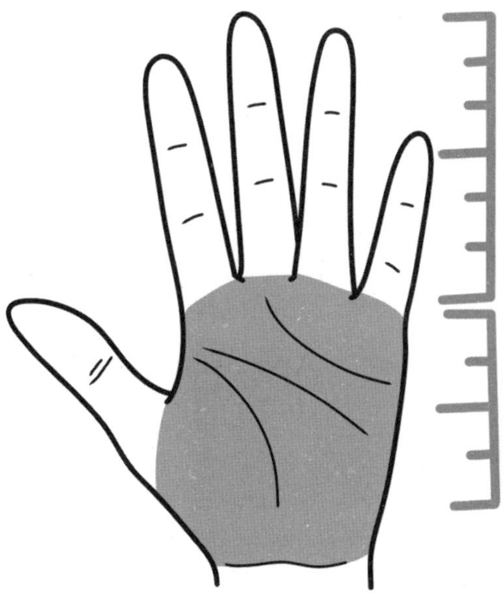

Formato:

As mãos de ar são quadradas ou levemente alongadas, com dedos longos, finos e elegantes. As articulações são bem marcadas, e a palma tende a ser proporcional aos dedos. Sua aparência é geralmente graciosa, refletindo a leveza e a fluidez do elemento ar.

Textura e Temperatura:

Essas mãos têm uma textura seca ou levemente macia, com uma temperatura geralmente fresca. Elas transmitem uma sensação de leveza, como se sempre estivessem em movimento, prontas para explorar novas ideias ou se adaptar a mudanças.

Personalidade:

Pessoas com mãos de ar são curiosas, intelectuais e comunicativas. Elas adoram trocar ideias, aprender algo novo e encontrar soluções criativas para problemas. Sua mente está sempre ativa, muitas vezes pulando de um pensamento para outro com rapidez impressionante. Apesar disso, podem ter dificuldade em se concentrar em uma única tarefa por longos períodos.

Essas pessoas são naturalmente sociáveis e têm um talento especial para construir pontes entre pessoas. No entanto, podem parecer um pouco distantes emocionalmente, preferindo lidar com situações de maneira racional em vez de emocional.

Signos Associados:

- Gêmeos: reflete a curiosidade, a versatilidade e o dom da comunicação. Pessoas com mãos de ar e traços geminianos são cheias de ideias e adoram compartilhar conhecimento.
- Libra: representa a diplomacia, a busca por equilíbrio e a harmonia. Essas mãos indicam uma personalidade encantadora e voltada para relacionamentos.
- Aquário: simboliza a originalidade, o pensamento inovador e a visão de futuro. As mãos de ar com traços aquarianos mostram pessoas que estão sempre um passo à frente.

Traços Marcantes:

- Pessoas rápidas, inteligentes e adaptáveis.
- Podem ser dispersas ou evitar confrontos emocionais.
- Excelentes em resolver problemas com criatividade e lógica.

Mãos de Água

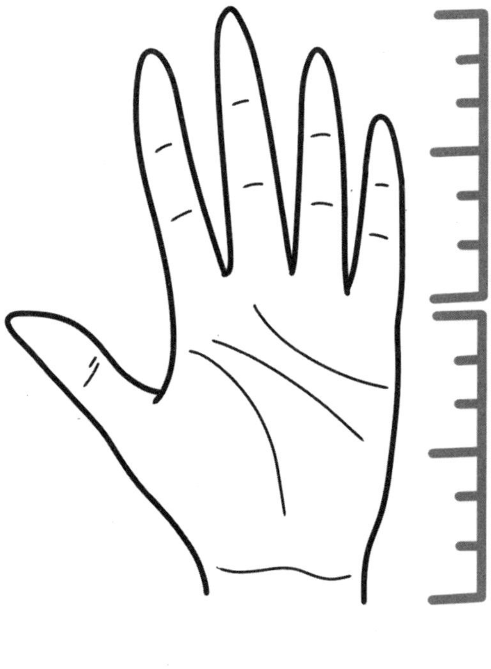

Formato:

As mãos de água têm palmas alongadas, muitas vezes ovais, com dedos longos e finos. As articulações são suaves, e a mão parece delicada e fluida, como se estivesse em constante movimento.

Textura e Temperatura:

Essas mãos são macias e com frequência frias ou levemente úmidas, simbolizando a sensibilidade e a receptividade do elemento água. Elas dão a impressão de serem moldáveis, como se refletissem o ambiente ao seu redor.

Personalidade:

Pessoas com mãos de água são profundamente emocionais, intuitivas e criativas. Elas têm uma conexão natural com seus sentimentos e com os dos outros, o que as torna altamente empáticas. São sonhadoras e frequentemente se destacam em áreas artísticas ou espirituais.

Essas pessoas tendem a absorver as energias ao seu redor, o que pode ser uma bênção e um desafio. Em ambientes positivos, elas florescem, mas em situações negativas, podem se sentir sobrecarregadas. Sua natureza introspectiva às vezes faz com que se afastem do mundo exterior para processar suas emoções.

Signos Associados:

- Câncer: reflete a sensibilidade, o cuidado e o amor pela família. Pessoas com mãos de água e características cancerianas são protetoras e emocionais.
- Escorpião: representa intensidade, paixão e transformação. Essas mãos mostram uma personalidade profunda e misteriosa.
- Peixes: simboliza a espiritualidade, a imaginação e a conexão com o divino. As mãos de água com traços piscianos indicam uma alma compassiva e criativa.

Traços Marcantes:

- São pessoas sensíveis, artísticas e introspectivas.
- Podem ser vulneráveis a energias externas.
- Excelentes em compreender e expressar emoções.

Quem Foi Casimir Stanislas d'Arpentigny?

Casimir d'Arpentigny (1798-1865), um oficial militar francês, teve um interesse incomum para sua época: o estudo das mãos como reflexo do caráter humano.

Durante sua carreira militar, observou os soldados sob seu comando e percebeu uma correlação entre o formato das mãos e certos traços de personalidade. Isso o levou a criar um método detalhado, apresentado em sua obra *La Chirognomonie* (1859), na qual introduziu uma categorização das mãos baseada em sua forma e estrutura, e não nas linhas ou montes, como era tradicional.

O método de Arpentigny se destaca por sua simplicidade e objetividade. Ele parte do princípio de que o formato geral das mãos e dos dedos é suficiente para revelar informações sobre a essência de uma pessoa, suas inclinações e comportamentos predominantes.

A Filosofia do Método

Arpentigny via as mãos como um reflexo direto da mente e do espírito. Para ele:

- As **mãos** são um espelho dos instintos e da natureza primária de uma pessoa.
- Os **dedos** representam o intelecto e a capacidade de raciocínio.
- A **palma** reflete a força instintiva e os impulsos básicos.

Gosto de falar que a mão é como um mapa de nossas vidas e as linhas os caminhos que nós traçamos.

Essa visão integrativa sugere que a análise do formato das mãos oferece um panorama das forças internas que moldam o comportamento de cada indivíduo.

Os Sete Tipos de Mãos, Segundo Arpentigny

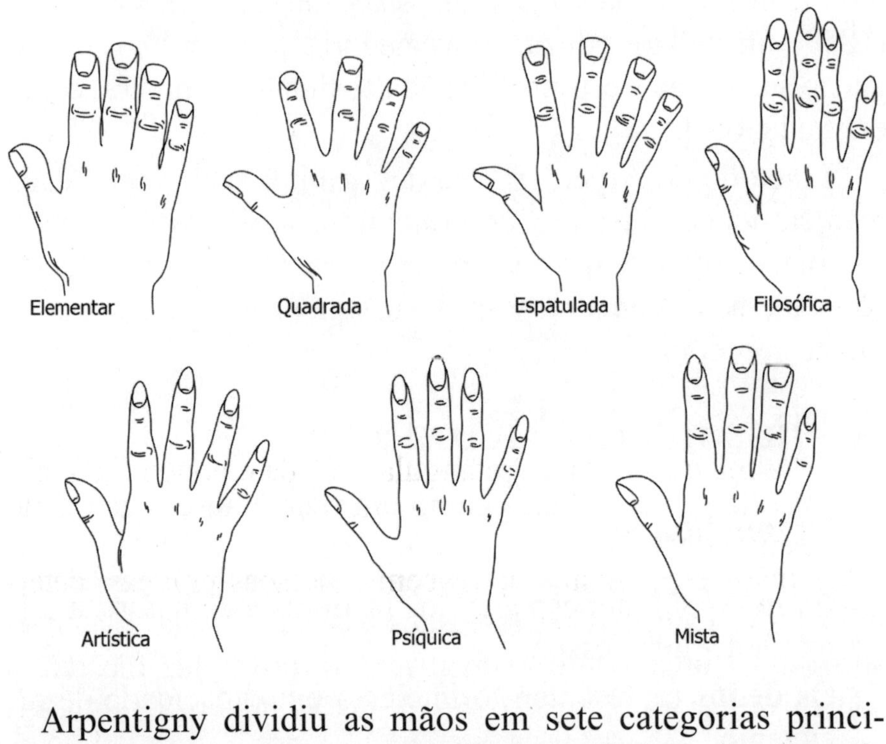

Arpentigny dividiu as mãos em sete categorias principais, cada uma refletindo um conjunto distinto de traços de personalidade. Vamos explorar esses tipos em detalhes.

1. Mãos Elementares

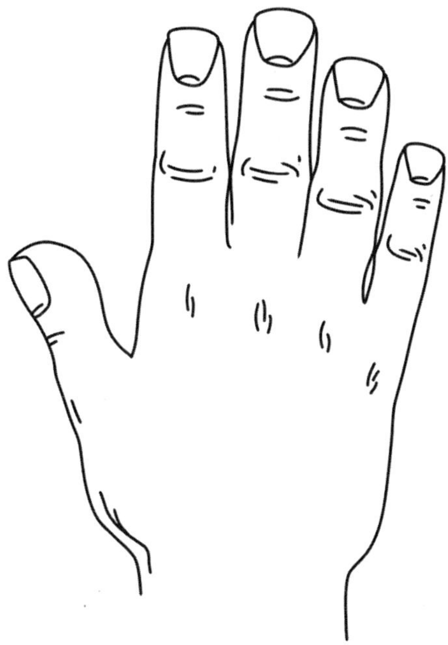

Descrição Física:

- Mãos pequenas, fortes e robustas, com dedos curtos e grossos.
- Palma quadrada ou retangular, rígida e pouco flexível.

Personalidade:

As mãos elementares pertencem a pessoas práticas, determinadas e ligadas às necessidades básicas da vida. Elas possuem uma força instintiva marcante, o que as faz focarem a sobrevivência e a ação. Não são idealistas, preferindo soluções simples e diretas para os problemas.

Essas pessoas geralmente têm uma abordagem "pé no chão" e não perdem tempo com abstrações ou teorias. Embora sejam confiáveis e persistentes, podem ser vistas como teimosas ou emocionalmente distantes.

Exemplo Prático:

Um agricultor que trabalha de forma incansável para garantir sua colheita e raramente se deixa envolver por discussões teóricas sobre o clima – ele prefere olhar para o céu e confiar em sua intuição.

Traços Marcantes:

- Persistência e resiliência em situações difíceis.
- Tendência a resistir a mudanças ou ideias abstratas.
- Conexão forte com o mundo físico e material.

2. Mãos Quadradas

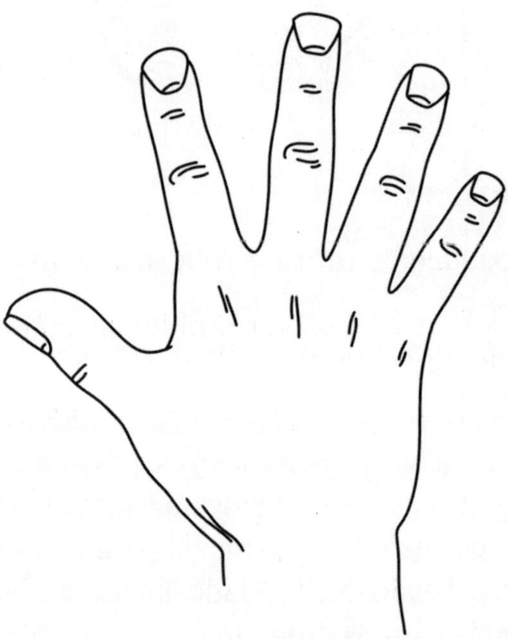

Descrição Física:

- Palmas quadradas e firmes, com dedos proporcionais e pontas retas.

- Aparência sólida e equilibrada, com articulações moderadamente visíveis.

Personalidade:

Pessoas com mãos quadradas são organizadas, metódicas e práticas. Elas têm uma mente lógica e preferem seguir regras e tradições, valorizando a estabilidade e a ordem. São excelentes planejadoras e tendem a se destacar em atividades que exigem foco e disciplina.

No entanto, podem ser vistas como conservadoras ou avessas a mudanças radicais. Sua força está em sua capacidade de criar estruturas sólidas, tanto no trabalho quanto nos relacionamentos.

Exemplo Prático:

Um arquiteto que planeja cuidadosamente cada detalhe de um edifício, certificando-se de que todos os cálculos estão corretos e de que o projeto é funcional.

Traços Marcantes:

- Confiabilidade e disciplina.
- Habilidade para resolver problemas complexos de forma prática.
- Resistência à improvisação ou falta de planejamento.

3. Mãos Espatuladas

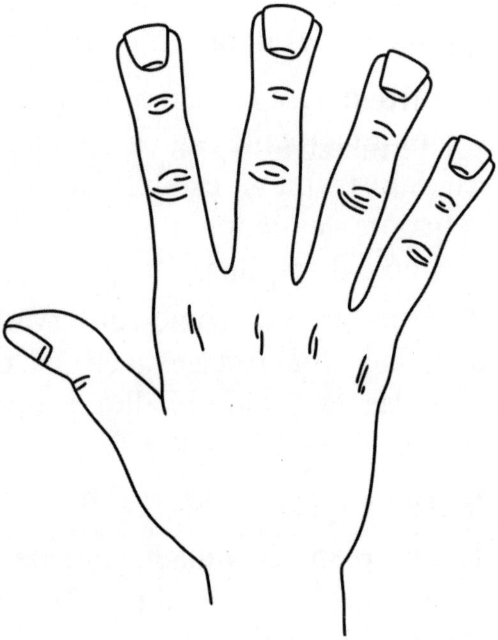

Descrição Física:

- Dedos com pontas alargadas, lembrando o formato de uma espátula.
- Palmas retangulares, flexíveis e levemente arredondadas nas bordas.

Personalidade:

As mãos espatuladas pertencem a pessoas inovadoras e dinâmicas, que adoram desafios e mudanças. Elas são empreendedoras por natureza, combinando praticidade e criatividade para alcançar resultados. Essa combinação as torna versáteis e adaptáveis, com uma energia contagiante.

Essas pessoas tendem a se destacar em áreas que exigem soluções rápidas e criativas. No entanto, sua inquietação pode dificultar a conclusão de projetos longos ou repetitivos.

Exemplo Prático:

Um engenheiro que desenvolve uma solução inovadora para um problema técnico e adora explorar novas tecnologias.

Traços Marcantes:

- Energia e determinação.
- Flexibilidade para lidar com mudanças inesperadas.
- Tendência a buscar sempre o próximo grande desafio.

4. Mãos Filosóficas

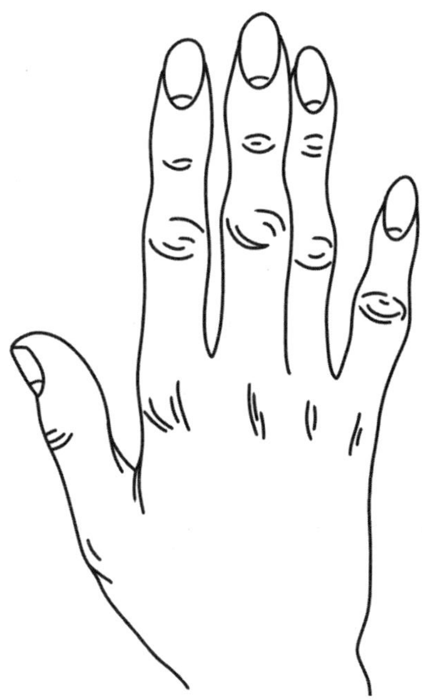

Descrição Física:

- Dedos longos e nodosos, com articulações bem definidas.
- Palmas alongadas e geralmente estreitas.

Personalidade:

Pessoas com mãos filosóficas são profundas, reflexivas e analíticas. Elas estão sempre em busca de respostas para as grandes questões da vida, sendo atraídas por temas espirituais, filosóficos e intelectuais.

Embora sejam intelectualmente curiosas, podem parecer distantes ou difíceis de se conectar emocionalmente. São mais interessadas em ideias do que em ações práticas.

Exemplo Prático:

Um professor de Filosofia que passa horas debatendo questões sobre o propósito da vida com seus alunos.

Traços Marcantes:

- Curiosidade intelectual e profundidade emocional.
- Habilidade para lidar com ideias abstratas.
- Tendência a evitar atividades rotineiras ou mundanas.

5. Mãos Cônicas ou Artísticas

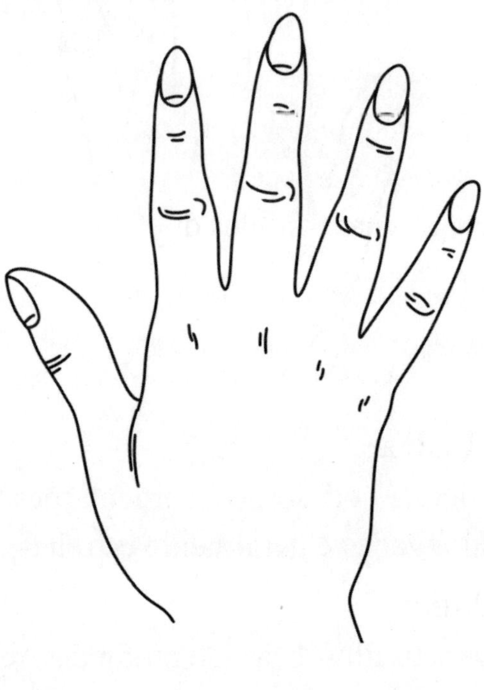

Descrição Física:

- Dedos cônicos e arredondados, com aparência elegante.
- Palmas proporcionais, geralmente macias e delicadas.

Personalidade:

As mãos cônicas refletem pessoas intuitivas, artísticas e sensíveis. Elas têm uma forte conexão com a beleza e a estética, sendo muitas vezes atraídas por atividades criativas. São emocionais e empáticas, mas podem ser instáveis em situações de pressão.

Essas pessoas buscam inspiração em tudo ao seu redor e têm um talento especial para expressar sentimentos por meio da arte ou da comunicação.

Exemplo Prático:

Um músico que compõe melodias tocantes baseadas em suas emoções mais profundas.

Traços Marcantes:

- Sensibilidade e intuição aguçada.
- Talento criativo e artístico.
- Tendência a evitar conflitos diretos.

6. Mãos Psíquicas

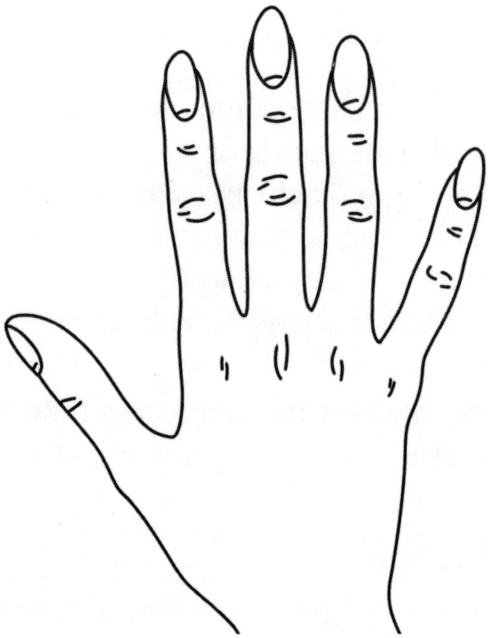

Descrição Física:

- Dedos longos e afilados, muitas vezes com falanges finas e pontas estreitas.
- Palmas alongadas e ligeiramente estreitas, geralmente frias ao toque.

Personalidade:

As mãos psíquicas pertencem a pessoas altamente intuitivas, espirituais e visionárias. Elas possuem uma percepção aguçada do mundo ao seu redor, captando energias e emoções com facilidade. Muitas vezes, são atraídas por temas esotéricos, filosofia e autoconhecimento.

Essas pessoas têm uma mente aberta e uma forte conexão com o invisível, podendo desenvolver habilidades mediúnicas ou premonitórias. No entanto, tendem a se sentir desconectadas da realidade cotidiana, precisando de momentos de recolhimento para equilibrar suas energias.

Exemplo Prático:

Um tarólogo que consegue interpretar cartas com uma precisão impressionante, guiado por sua intuição aguçada.

Traços Marcantes:

- Sensibilidade espiritual e mediúnica.
- Forte percepção do oculto e do simbolismo.
- Tendência a se perder em devaneios e reflexões profundas.

7. Mãos Mistas

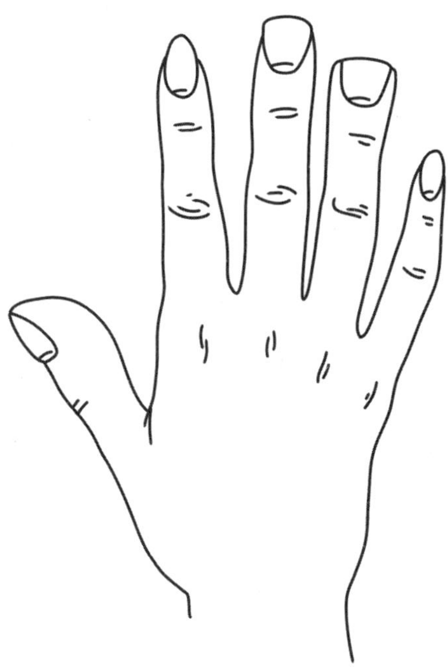

Descrição Física:

- Características combinadas dos outros tipos de mãos.

- Aparência variada, com dedos e palmas que apresentam múltiplas formas.

Personalidade:

As mãos mistas pertencem a pessoas versáteis e adaptáveis, que conseguem transitar entre diferentes papéis e situações. Elas têm múltiplos interesses e habilidades, mas podem ter dificuldade em focar ou se especializar em uma única área.

Esses indivíduos são curiosos por natureza e costumam se dar bem em ambientes dinâmicos que exigem criatividade e flexibilidade.

Exemplo Prático:

Um empreendedor que gerencia vários negócios ao mesmo tempo, combinando diferentes habilidades.

Traços Marcantes:

- Habilidade para se adaptar a mudanças.
- Interesse por diversas áreas.
- Tendência a ser generalista em vez de especialista.

Capítulo 6

A Flexibilidade das Mãos e o que Ela Revela sobre a Personalidade

Na quiromancia, a flexibilidade das mãos é uma característica muitas vezes subestimada, mas de grande importância. Assim como o formato das mãos reflete traços de personalidade, o grau de flexibilidade da palma e dos dedos pode revelar muito sobre a maneira como uma pessoa lida com o mundo ao seu redor, suas atitudes, sua receptividade a mudanças e até sua forma de pensar.

As mãos podem variar entre extremamente flexíveis e completamente rígidas, com muitas graduações entre esses dois extremos. Essa característica não apenas complementa as informações obtidas pelo formato das mãos, mas também adiciona nuances à leitura, permitindo uma análise mais profunda e personalizada.

O que a Flexibilidade Significa na Quiromancia

- **Mãos Flexíveis:** indicam uma mente aberta, adaptabilidade e criatividade.

  Essas pessoas tendem a se ajustar bem às mudanças e estão sempre prontas para explorar novas ideias.
- **Mãos Rígidas:** sinalizam firmeza de caráter, determinação e, muitas vezes, resistência à mudança. Essas pessoas preferem estabilidade e estrutura em suas vidas.
- **Mãos Moderadamente Flexíveis:** mostram equilíbrio entre adaptabilidade e consistência. São pessoas que podem se ajustar às circunstâncias, mas sem abrir mão de suas crenças ou de seus princípios.

Como Avaliar a Flexibilidade das Mãos

A flexibilidade das mãos é avaliada segurando a mão da pessoa pela palma e aplicando uma leve pressão para dobrar os dedos em direção ao pulso. Observe como a mão responde:

- **Mãos Muito Flexíveis:** os dedos dobram facilmente para trás ou para a frente, com pouca ou nenhuma resistência.
- **Mãos Moderadamente Flexíveis:** os dedos se dobram com alguma resistência, mas sem rigidez.
- **Mãos Rígidas:** os dedos oferecem resistência significativa ao movimento, mostrando pouca ou nenhuma flexibilidade.

O Que a Flexibilidade Revela sobre a Personalidade

1. Mãos Muito Flexíveis

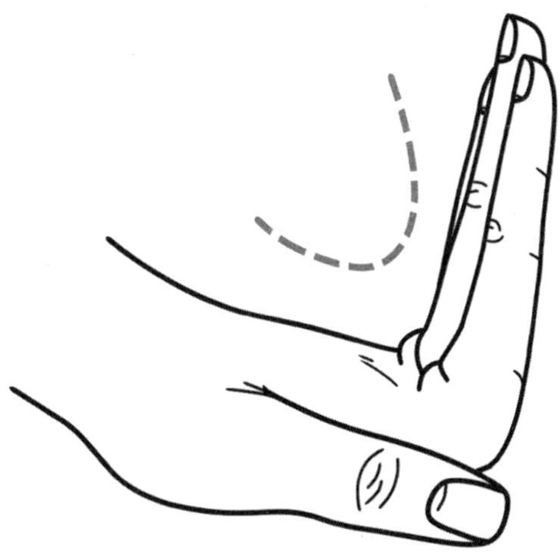

Características Físicas:

- Dedos e palmas se dobram facilmente, muitas vezes para ângulos acentuados.
- A textura da mão é geralmente macia e delicada, indicando receptividade.

Personalidade:

Pessoas com mãos muito flexíveis são altamente adaptáveis e criativas. Elas têm uma abordagem fluida à vida, lidando bem com mudanças e desafios inesperados. Sua mente aberta permite que explorem ideias e possibilidades com entusiasmo, tornando-as excelentes em ambientes dinâmicos ou criativos.

No entanto, essa extrema flexibilidade pode levar à dispersão ou à dificuldade em manter compromissos em longo prazo. Esses indivíduos podem ser influenciados facilmente por opiniões externas ou mudanças nas circunstâncias, precisando trabalhar sua estabilidade emocional e foco.

Traços Marcantes:

- Mente aberta e receptiva.
- São pessoas criativas e espontâneas.
- Podem ser volúveis ou indecisas.

Exemplo Prático:

Um artista que sempre experimenta novos estilos e técnicas, nunca se limitando a um único modo de expressão.

2. Mãos Moderadamente Flexíveis

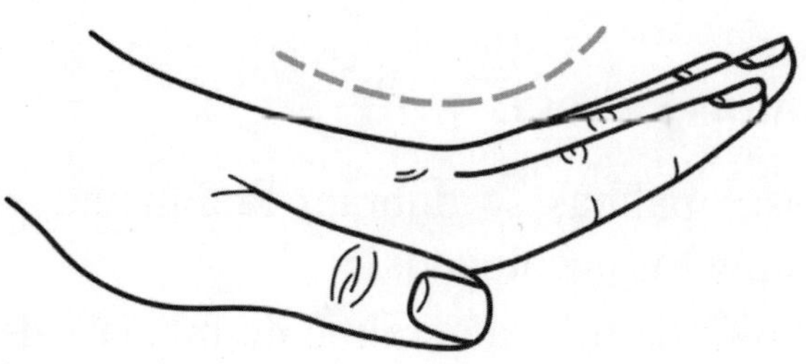

Características Físicas:

- Dedos e palmas se dobram com alguma resistência, mas sem rigidez.
- A textura da mão pode variar entre firme e macia, dependendo do tipo de personalidade predominante.

Personalidade:

Pessoas com mãos moderadamente flexíveis são equilibradas e versáteis. Elas conseguem se ajustar às mudanças quando necessário, mas sem perder de vista seus valores ou objetivos. Esse equilíbrio as torna confiáveis e adaptáveis, com uma abordagem prática e pragmática à vida.

Elas sabem quando é hora de se adaptar e quando é hora de se manter firmes, o que as torna líderes naturais e excelentes mediadoras em situações de conflito.

Traços Marcantes:

- Equilíbrio entre adaptabilidade e consistência.
- São pessoas práticas, mas abertas a novas ideias.
- Podem ser vistos como indivíduos centrados e confiáveis.

Exemplo Prático:

Um gerente que sabe se ajustar às demandas da equipe, mas mantém o foco nos objetivos da empresa.

3. Mãos Rígidas

Características Físicas:

- Os dedos são firmes e oferecem resistência significativa ao serem dobrados.
- A palma tem uma textura mais dura, indicando firmeza e determinação.

Personalidade:

Pessoas com mãos rígidas são estruturadas, disciplinadas e altamente determinadas. Elas preferem ambientes organizados e previsíveis, onde possam exercer controle e estabilidade. Sua firmeza de caráter as torna confiáveis e resilientes, mas também pode levá-las a ser inflexíveis ou resistentes a mudanças.

Esses indivíduos, em geral, têm valores muito definidos e não se desviam facilmente de suas crenças. Embora sejam excelentes em situações que exigem consistência e comprometimento, podem ter dificuldade em aceitar novas ideias ou improvisar.

Traços Marcantes:

- São pessoas determinadas e focadas.
- Excelentes em manter a ordem e a estrutura.
- Podem ser vistas como teimosas ou resistentes à mudança.

Exemplo Prático:

Um advogado que segue rigidamente o protocolo e mantém um alto padrão de ética em todas as suas ações.

A Relação entre Flexibilidade e Emoções

Além de indicar traços de personalidade, a flexibilidade das mãos pode revelar muito sobre a forma como uma pessoa lida com emoções e relacionamentos:

- **Mãos Flexíveis:** indicam uma abordagem emocional fluida e adaptável. Essas pessoas são empáticas e abertas a novas conexões, mas podem ser instáveis em relacionamentos em longo prazo.

- **Mãos Moderadamente Flexíveis:** mostram equilíbrio emocional, com a capacidade de se conectar profundamente sem se perder em emoções voláteis.
- **Mãos Rígidas:** revelam controle emocional e reserva. Essas pessoas são confiáveis, mas podem ter dificuldade em expressar sentimentos ou aceitar vulnerabilidades.

Flexibilidade e Sucesso Pessoal

A flexibilidade das mãos também influencia a maneira como uma pessoa busca o sucesso e lida com desafios:

- **Flexibilidade Alta:** ideal para carreiras criativas, em que a adaptabilidade e a inovação são essenciais.
- **Flexibilidade Moderada:** indicada para papéis de liderança ou mediadores, em que o equilíbrio entre abertura e firmeza é crucial.
- **Rigidez:** perfeita para trabalhos que exigem foco, disciplina e aderência a regras.

A flexibilidade das mãos é uma característica que complementa a análise geral da quiromancia. Ela nos oferece insights valiosos sobre como uma pessoa se relaciona com o mundo, com suas emoções e até sua abordagem para o sucesso. Seja você flexível como um rio ou firme como uma montanha, suas mãos contam uma história única, cheia de nuances e potencial.

Capítulo 7

As Pontas dos Dedos e o que Elas Revelam

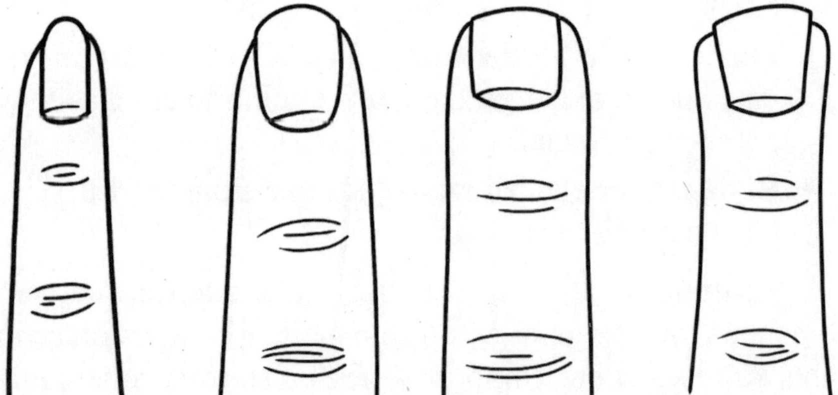

Na quiromancia, cada parte da mão tem sua própria história para contar, e as pontas dos dedos são especialmente significativas. A forma das pontas reflete traços de personalidade, modos de pensar e como a pessoa interage com o mundo. Ao analisar os dedos, podemos descobrir detalhes sobre a sensibilidade, a praticidade, a criatividade e a força de vontade do indivíduo.

As pontas dos dedos são classificadas em quatro formas principais: **pontuda**, **redonda**, **quadrada** e **espatulada**. Cada uma delas está associada a características específicas, que podem variar dependendo da combinação com o restante da mão.

1. Pontas Pontudas

Descrição Física:

- Dedos afilados, com pontas que terminam em uma forma cônica ou estreita.
- Geralmente encontrados em mãos mais delicadas, com palmas proporcionais.

Personalidade:

Pessoas com pontas pontudas têm uma natureza intuitiva, idealista e sonhadora. Elas são altamente sensíveis ao mundo ao seu redor, percebendo nuances e energias que muitas vezes passam despercebidas pelos outros. Essas pontas estão associadas à criatividade e à espiritualidade, sendo comuns em artistas, escritores e pessoas com uma forte conexão com o universo simbólico.

Esses indivíduos preferem viver em um mundo de ideias e abstrações, muitas vezes evitando confrontos diretos ou tarefas práticas. Embora sejam visionários, podem ser propensos a fugir da realidade quando as coisas se tornam muito difíceis.

Traços Marcantes:

- São pessoas intuitivas e espirituais.
- Fortemente ligadas à estética e ao simbolismo.
- Podem ser idealistas a ponto de negligenciar questões práticas.

Exemplo Prático:

Um poeta que passa horas descrevendo os sentimentos do coração humano, mas esquece de cuidar das tarefas cotidianas, como pagar contas ou organizar a casa.

2. Pontas Redondas

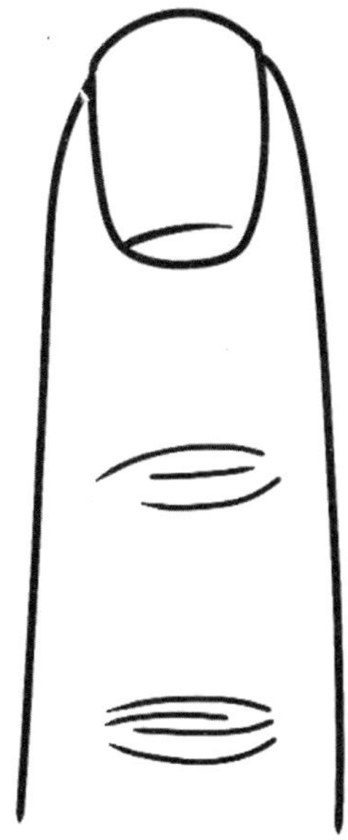

Descrição Física:

- Dedos com pontas arredondadas, criando uma aparência suave e natural.
- Normalmente encontrados em mãos de textura macia e flexível.

Personalidade:

As pontas redondas indicam uma personalidade equilibrada, harmoniosa e empática. Essas pessoas são práticas, mas também sensíveis, e conseguem equilibrar bem o lado emocional e racional. Elas tendem a ser sociáveis, fáceis de lidar e preocupadas com o bem-estar dos outros.

A combinação de sensibilidade e pragmatismo faz com que sejam ótimas mediadoras em situações de conflito. No entanto, sua busca por agradar pode levar a dificuldades em dizer "não" ou impor limites.

Traços Marcantes:

- São pessoas sensíveis, mas práticas.
- Excelentes em criar e manter relacionamentos.
- Tendem a buscar a paz e evitar confrontos desnecessários.

Exemplo Prático:

Uma professora que combina empatia com disciplina, criando um ambiente de aprendizado acolhedor, mas produtivo.

3. Pontas Quadradas

Descrição Física:

- Dedos com pontas retas, formando um ângulo quase perfeito.
- Encontrados em mãos de aparência sólida, geralmente com palmas quadradas.

Personalidade:

As pontas quadradas representam praticidade, estrutura e força de caráter. São pessoas que valorizam a lógica e a ordem, preferindo ambientes organizados e previsíveis. Elas são disciplinadas e trabalham duro para alcançar seus objetivos, sendo excelentes em lidar com questões práticas e concretas.

Embora sejam confiáveis e focadas, podem ser vistas como rígidas ou conservadoras, especialmente em situações que exigem flexibilidade ou criatividade. Preferem soluções simples e eficientes a ideias abstratas ou complicadas.

Traços Marcantes:

- São pessoas práticas e organizadas.
- Tendem a ser disciplinadas e orientadas para resultados.
- Podem resistir a mudanças ou a ideias muito inovadoras.

Exemplo Prático:

Um contador que segue à risca todas as regras e mantém os registros financeiros impecavelmente organizados.

4. Pontas Espatuladas

Descrição Física:

- Dedos que se alargam nas pontas, criando uma forma semelhante a uma espátula.
- Normalmente vistos em mãos retangulares ou espatuladas, com articulações bem definidas.

Personalidade:

As pontas espatuladas indicam dinamismo, energia e inovação. Trata-se de pessoas que adoram explorar novas ideias, enfrentar desafios e experimentar diferentes formas de alcançar seus objetivos. Elas são práticas, mas também muito criativas, combinando o melhor dos dois mundos.

Essas pontas estão associadas a uma personalidade ativa, que gosta de estar em movimento e prefere o trabalho prático a longas discussões teóricas. Apesar de sua energia contagiante, esses indivíduos podem ser inquietos ou impacientes, especialmente quando as coisas não acontecem no ritmo que desejam.

Traços Marcantes:

- São pessoas inovadoras e energéticas.
- Excelentes em resolver problemas de forma prática e criativa.
- Podem ser impacientes ou se entediar com facilidade.

Exemplo Prático:

Um engenheiro que projeta soluções inovadoras para problemas técnicos e adora colocar suas ideias em prática.

Combinando Pontas de Dedos com Outros Aspectos da Mão

É importante lembrar que as pontas dos dedos raramente agem isoladamente. Elas devem ser analisadas em conjunto com o formato da mão, a flexibilidade e a textura para obter um retrato mais completo da personalidade. Por exemplo:

- **Dedos pontudos em mãos flexíveis:** indicam uma pessoa altamente criativa e aberta, mas possivelmente dispersa.
- **Dedos quadrados em mãos rígidas:** mostram uma personalidade extremamente organizada, mas resistente à mudança.
- **Dedos espatulados em mãos moderadamente flexíveis:** revelam uma pessoa equilibrada, prática e criativa.

Conclusão: Pontas dos Dedos como Janela para a Alma

As pontas dos dedos são como o "toque final" na interpretação das mãos. Elas refletem como uma pessoa interage com o mundo – podendo ser com criatividade, praticidade, sensibilidade ou energia. Ao observar esses detalhes, o quiromante pode aprofundar sua compreensão sobre a essência do indivíduo e oferecer uma leitura ainda mais personalizada.

Capítulo 8

As Unhas e Seus Formatos na Quiromancia

As unhas, assim como as linhas e o formato das mãos, carregam significados importantes na quiromancia. Seu formato, tamanho e até mesmo a textura podem revelar muito sobre a personalidade, bem como a saúde física e emocional de uma pessoa.

Apesar de muitas vezes negligenciadas, as unhas são parte essencial da leitura, pois refletem aspectos sutis, mas profundos, sobre quem somos e como lidamos com o mundo.

O Que as Unhas Revelam?

As unhas podem oferecer *insights* sobre a força de vontade, a energia vital, a saúde e até mesmo o temperamento de uma pessoa. Ao analisar as unhas, levamos em consideração:

- **Formato:** a forma da unha revela traços de personalidade e de comportamento.
- **Tamanho:** unhas curtas, médias ou longas indicam diferentes níveis de energia e expressividade.

- **Textura:** unhas lisas ou irregulares podem indicar estabilidade emocional ou preocupações.
- **Cor:** a tonalidade das unhas pode refletir o estado de saúde física ou emocional.

Os Principais Formatos de Unhas e Seus Significados

1. Unhas Longas e Retangulares

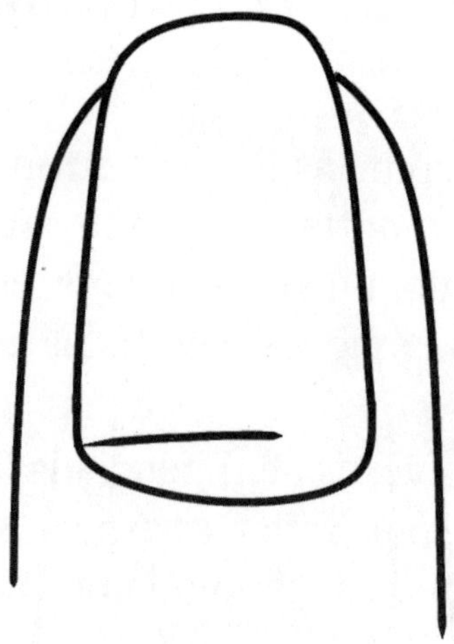

Descrição Física:

- Compridas em relação à largura, com laterais retas ou levemente arredondadas.
- A aparência é elegante e proporcional, frequentemente associada a mãos delicadas.

Personalidade:

Pessoas com unhas longas e retangulares são idealistas, refinadas e apreciadoras do belo. Elas tendem a ter uma mente criativa e uma abordagem elegante para a vida. Adoram ambientes harmoniosos e valorizam a estética, sendo muitas vezes atraídas por áreas artísticas ou espirituais.

No entanto, podem ser sensíveis às críticas ou evitar confrontos diretos, preferindo resolver conflitos de forma diplomática. Elas têm grande habilidade para mediar situações e criar harmonia ao seu redor.

Traços Marcantes:

- São pessoas criativas e sensíveis.
- Diplomáticas e intuitivas.
- Podem ser introspectivas ou evitar discussões intensas.

2. Unhas Curtas e Retangulares

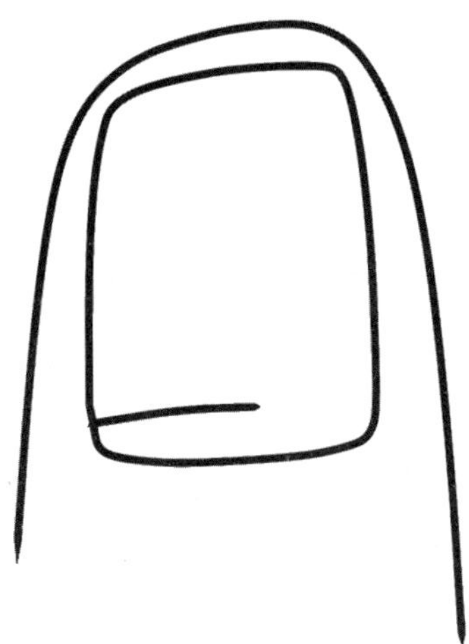

Descrição Física:

- Curtas em comprimento, mas ainda retangulares.
- Laterais bem definidas, criando uma aparência firme e prática.

Personalidade:

As unhas curtas e retangulares indicam uma personalidade prática, lógica e disciplinada. Essas pessoas têm uma abordagem direta para a vida, e preferem soluções rápidas e eficazes para os problemas. Elas focam o que é tangível e frequentemente demonstram grande senso de responsabilidade.

No entanto, podem ser vistas como rígidas ou pouco sensíveis em situações que exigem empatia ou criatividade. Sua força está na capacidade de enfrentar desafios com coragem e determinação.

Traços Marcantes:

- São pessoas práticas e organizadas.
- Determinadas e focadas.
- Podem ser vistas como sérias ou inflexíveis.

3. Unhas Ovaladas ou Arredondadas

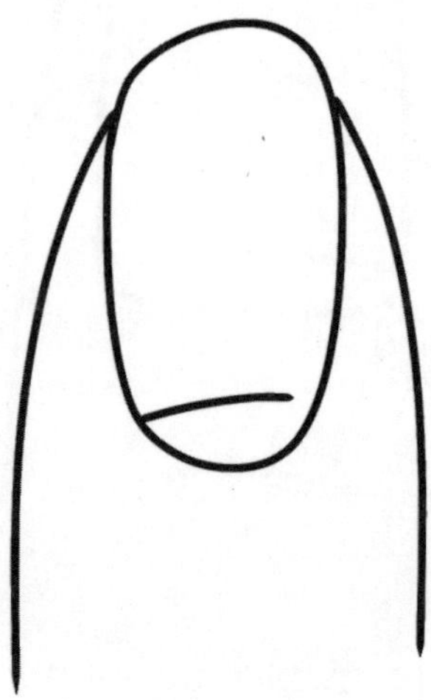

Descrição Física:

- Formato ovalado ou arredondado, com bordas suaves.

- Geralmente bem proporcionadas em relação aos dedos.

Personalidade:

Unhas ovaladas indicam uma personalidade equilibrada, sensível e adaptável. Essas pessoas têm uma abordagem gentil e compreensiva, valorizando a harmonia e os relacionamentos saudáveis. Elas tendem a evitar conflitos e são excelentes em criar ambientes acolhedores.

No entanto, sua busca por agradar pode levá-las a evitar confrontos ou a ter dificuldade em impor limites. Sua sensibilidade natural as torna empáticas, mas também pode deixá-las vulneráveis a ambientes negativos.

Traços Marcantes:

- São pessoas gentis e empáticas.
- Equilibradas e sociáveis.
- Podem evitar situações de confronto direto.

4. Unhas Quadradas

Descrição Física:

- Laterais retas, com uma borda superior igualmente reta.

- Formato sólido e bem definido, muitas vezes associado a mãos práticas.

Personalidade:

Unhas quadradas representam força, estabilidade e um senso de organização. Pessoas com esse tipo de unha são confiáveis, realistas e orientadas para resultados. Elas têm uma abordagem metódica para a vida e são excelentes em manter o controle em situações desafiadoras.

Embora sejam confiáveis e disciplinadas, podem ser vistas como rígidas ou resistentes à mudança. Sua força está na consistência e na habilidade de criar estruturas sólidas, tanto no trabalho quanto nos relacionamentos.

Traços Marcantes:

- São pessoas confiáveis e práticas.
- Metódicas e disciplinadas.
- Podem ser teimosas ou pouco abertas a novas ideias.

5. Unhas Espatuladas

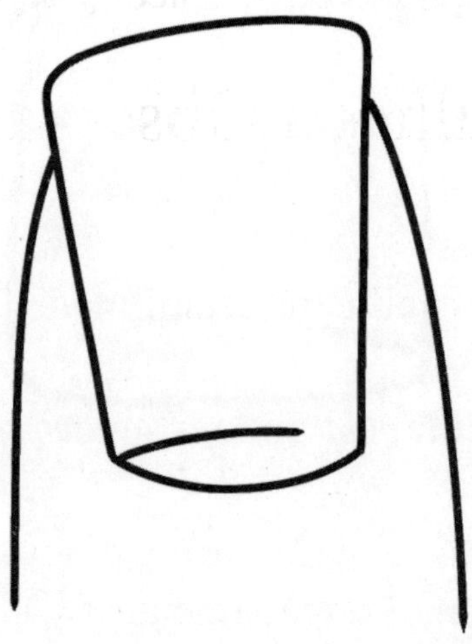

Descrição Física:

- Largura maior na borda superior, criando uma forma que lembra uma espátula.
- Aparência dinâmica e, frequentemente, associada a mãos energéticas.

Personalidade:

Unhas espatuladas indicam uma personalidade ativa, criativa e inovadora. São pessoas que têm uma energia contagiante e adoram explorar novas ideias ou enfrentar desafios. São práticas, mas também visionárias, com uma habilidade única para transformar ideias em ações.

No entanto, sua energia intensa pode torná-las impacientes ou facilmente entediadas em situações repetitivas. Elas precisam de movimento e inovação para se sentirem motivadas e realizadas.

Traços Marcantes:

- São pessoas energéticas e inovadoras.
- Práticas, mas criativas.
- Podem ser inquietas ou se entediar com facilidade.

Outros Detalhes a Observar nas Unhas

1. **Unhas Lisas:** indicam estabilidade emocional e saúde equilibrada.
2. **Unhas Irregulares:** podem sugerir ansiedade ou preocupações.
3. **Unhas Muito Curtas:** frequentemente associadas a nervosismo ou à impaciência.

4. **Unhas Pálidas:** podem refletir baixa energia ou exaustão emocional.
5. **Unhas Rosadas:** é sinal de boa saúde e vitalidade.

A Conexão entre Formato de Unha e Personalidade Geral

O formato das unhas deve ser analisado em conjunto com outros aspectos das mãos, como o formato geral, as linhas e a textura. Essa combinação oferece um retrato mais completo da personalidade e das tendências da pessoa. Por exemplo:

1. **Unhas ovaladas em mãos flexíveis:** indicam uma personalidade criativa e adaptável, com forte empatia.
2. **Unhas quadradas em mãos rígidas:** refletem uma pessoa altamente disciplinada e organizada, mas possivelmente resistente a mudanças.
3. **Unhas espatuladas em mãos espatuladas:** mostram uma pessoa cheia de energia e altamente motivada a explorar novas possibilidades.

Conclusão: o Que Suas Unhas Dizem sobre Você?

As unhas são uma janela para a personalidade, mostrando traços sutis, mas poderosos, sobre como interagimos com o mundo. Ao observar cuidadosamente seu formato, tamanho e textura, podemos descobrir aspectos únicos de quem somos, desde a maneira como enfrentamos desafios até como cultivamos nossos relacionamentos.

Capítulo 9

O Que São os Montes?

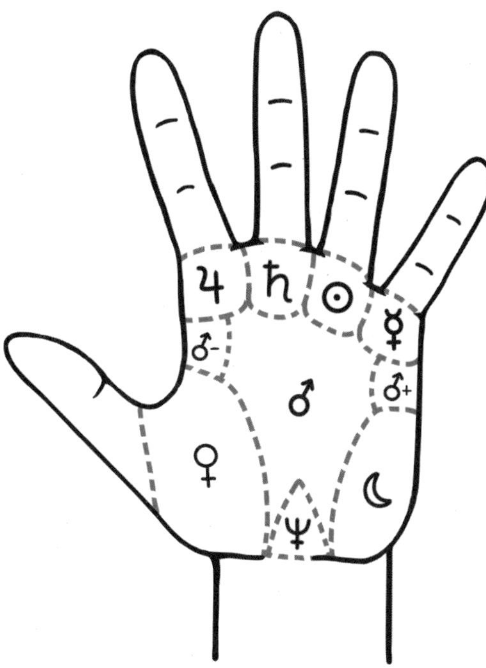

Os montes são como "almofadas" na palma da mão, cuja elevação, assim como textura e firmeza, revelam traços de personalidade e tendências de comportamento. Eles podem estar bem desenvolvidos, subdesenvolvidos ou até excessivamente destacados, cada condição trazendo um significado específico.

- **Monte Bem Desenvolvido:** indica que a energia daquele monte é forte e harmoniosa na pessoa.
- **Monte Pouco Desenvolvido:** sugere uma influência mais sutil ou um potencial ainda inexplorado.
- **Monte Excessivamente Desenvolvido:** pode revelar desequilíbrios, exageros ou excessos na expressão daquela característica.

Os Montes e Suas Associações com os Deuses Greco-Romanos

O Monte de Júpiter

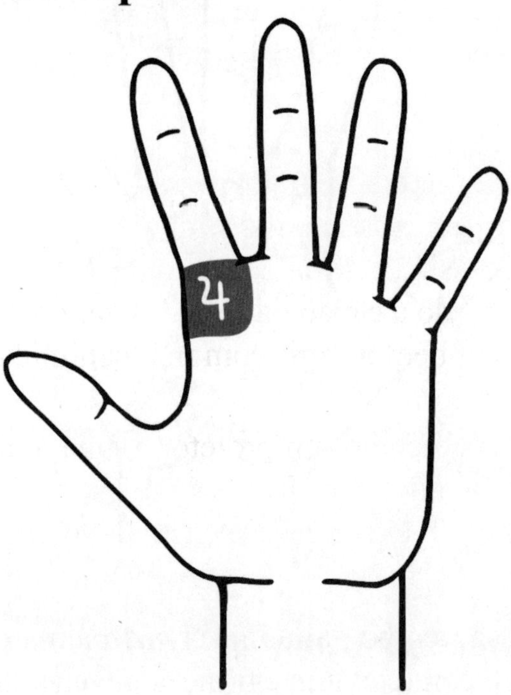

O **Monte de Júpiter** na quiromancia está localizado abaixo do dedo indicador e é um dos montes mais importantes para compreender as ambições, a liderança e a autoestima de uma pessoa. Esse monte carrega a energia de **Júpiter**, o deus romano do céu e do trovão, equivalente ao grego Zeus, simbolizando autoridade, sabedoria, expansão e poder.

O Monte de Júpiter está ligado à ambição, liderança e busca por realizações. Ele reflete a maneira como uma pessoa se posiciona diante do mundo, sua autoconfiança, seu desejo de reconhecimento e sua capacidade de influenciar os outros. Quando bem desenvolvido, esse monte revela uma personalidade carismática, otimista e inspiradora, com um forte senso de propósito.

Por outro lado, se for pouco desenvolvido, pode indicar uma falta de confiança ou dificuldade em tomar decisões. Já um monte excessivamente elevado pode apontar para arrogância ou tendência ao autoritarismo.

O Deus Júpiter

Na mitologia romana, Júpiter é o rei dos deuses, associado ao céu, ao trovão e à justiça. Ele simboliza poder, sabedoria e generosidade. Assim, o Monte de Júpiter traz a energia desse deus, representando a capacidade de liderar com autoridade e nobreza, mas também de agir com magnanimidade e responsabilidade.

Júpiter era visto como um protetor e guia, o que se reflete na energia do monte: a busca por um propósito maior e o desejo de crescer e expandir, espiritual, social ou materialmente.

Linhas e Sinais no Monte de Júpiter

- **Linhas verticais claras:** indicam uma personalidade confiante, inspiradora e bem-sucedida.

- **Estrela:** um sinal de sorte, simbolizando liderança, sucesso e reconhecimento significativo.
- **Grade ou linhas cruzadas:** podem apontar para conflitos internos relacionados ao poder ou à ambição excessiva.
- **Círculo:** um sinal raro, indicando prestígio ou ascensão social.
- **Triângulo:** representa sabedoria e habilidades diplomáticas.

Como Interpretar o Monte de Júpiter

- **Monte bem desenvolvido:** indica uma pessoa com forte senso de liderança, autoconfiança e habilidade em inspirar os outros. São indivíduos que geralmente buscam posições de destaque e têm uma visão clara de seus objetivos.
- **Monte subdesenvolvido:** pode refletir uma falta de ambição ou dificuldade em assumir o controle da própria vida.
- **Monte excessivamente elevado:** sugere tendência ao autoritarismo ou ao orgulho exacerbado.

Como Fortalecer as Energias do Monte de Júpiter

- Trabalhar a autoconfiança por meio de afirmações positivas e práticas espirituais.
- Estudar e desenvolver habilidades de liderança.
- Usar cristais, como ametista ou lápis-lazúli, para fortalecer a conexão espiritual e ampliar a visão.
- Envolver-se em projetos que tragam propósito e reconhecimento, incentivando o crescimento pessoal e coletivo.

O Monte de Júpiter é um símbolo poderoso de crescimento, liderança e conexão com um propósito maior. Quando equilibrado, ele reflete uma pessoa que busca não apenas o sucesso pessoal, mas também a contribuição para o bem-estar de todos ao seu redor. Sob a regência do deus Júpiter, ele nos lembra da importância de liderar com sabedoria, justiça e generosidade.

O Monte de Saturno

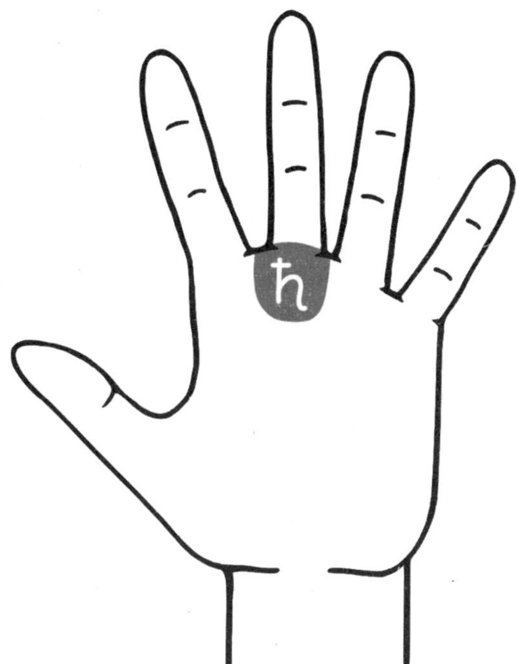

O **Monte de Saturno** na quiromancia está localizado abaixo do dedo médio (dedo de Saturno). Ele é o monte que reflete a profundidade espiritual, a responsabilidade, a disciplina e a forma como lidamos com os desafios e as lições da vida. Está diretamente ligado à energia do planeta e do deus **Saturno**, conhecido na mitologia romana como o senhor do tempo, da colheita e das estruturas, equivalente ao deus grego Cronos.

O Monte de Saturno é um símbolo de sabedoria adquirida por meio de experiências de vida, paciência e resiliência. Ele nos conecta ao nosso senso de dever, à capacidade de lidar com responsabilidades e ao equilíbrio entre o mundo material e espiritual. Também revela como encaramos desafios e aprendemos com as dificuldades.

Um monte bem desenvolvido indica uma pessoa introspectiva, sábia e prática, com grande capacidade de se adaptar a situações difíceis. Em contrapartida, um monte plano ou subdesenvolvido pode revelar superficialidade, falta de direção ou desconexão com os aspectos mais profundos da vida. Um monte excessivamente elevado pode apontar para rigidez, isolamento ou pessimismo.

O Deus Saturno

Na mitologia romana, Saturno é o deus do tempo, da agricultura e das colheitas. Ele simboliza a passagem do tempo, as estruturas e as limitações necessárias para o crescimento. Saturno também é conhecido como uma figura disciplinadora, ensinando por meio de desafios e restrições.

Essa energia se reflete no Monte de Saturno, que nos conecta à paciência, à responsabilidade e à aceitação das lições que o tempo traz. Ele nos ensina a perseverar e a amadurecer por intermédio das dificuldades.

Linhas e Sinais no Monte de Saturno

- **Linhas verticais claras:** indicam sabedoria, resiliência e uma forte conexão com a espiritualidade.
- **Estrela:** um sinal raro, representando profundidade espiritual e sabedoria adquirida.

- **Grade ou linhas cruzadas:** podem sugerir sentimentos de opressão, desafios constantes ou um senso de responsabilidade excessivo.
- **Triângulo:** simboliza intuição espiritual e habilidade em lidar com questões complexas.
- **Ilhas ou manchas:** indicam momentos de confusão, tristeza ou isolamento.

Como Interpretar o Monte de Saturno

- **Monte bem desenvolvido:** representa introspecção, sabedoria prática e paciência. Indica uma pessoa que aprende com os desafios e é profundamente conectada à espiritualidade ou à filosofia.
- **Monte subdesenvolvido:** pode sugerir dificuldade em lidar com responsabilidades ou falta de profundidade nas ações.
- **Monte excessivamente elevado:** pode refletir pessimismo, isolamento ou uma visão excessivamente rígida da vida.

Como Fortalecer as Energias do Monte de Saturno

- Praticar meditação e reflexão para fortalecer a paciência e a resiliência emocional.
- Trabalhar com cristais, como obsidiana, ônix ou hematita, para promover equilíbrio e proteção.
- Envolver-se em práticas que conectem com o tempo, como jardinagem ou escrita, para reforçar o aprendizado e a conexão com o fluxo natural da vida.

- Desenvolver um diário de gratidão para valorizar as lições aprendidas e equilibrar possíveis pensamentos negativos.

O Monte de Saturno é um guia para a maturidade, a sabedoria e o crescimento. Ele reflete a jornada de aprender com os desafios, e usar as lições do tempo para construir uma vida mais equilibrada e significativa. Sob a influência do deus Saturno, ele nos lembra de que, embora o caminho possa ser desafiador, é nele que encontramos a verdadeira essência do nosso ser.

O Monte de Apolo

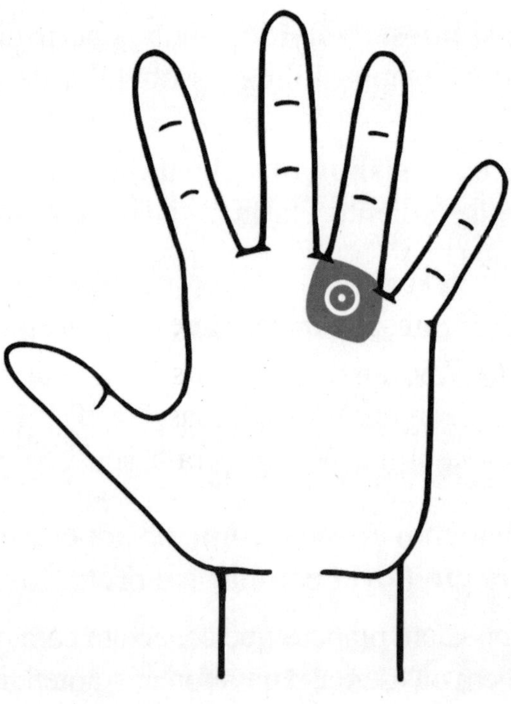

O Monte de Apolo (monte do sol) na quiromancia está localizado abaixo do dedo anular, conhecido como o **Dedo de Apolo**. Ele é o monte da criatividade, da beleza, da expressão pessoal e do sucesso. Ligado à energia do deus **Apolo**, da mitologia grega e romana, esse monte reflete como irradiamos nosso brilho pessoal, e como buscamos reconhecimento e felicidade na vida.

O Monte de Apolo está associado à arte, à inspiração, à alegria e à busca por autenticidade. Ele indica como expressamos nossos talentos criativos e como nos relacionamos com a admiração e o reconhecimento dos outros. Uma pessoa com um Monte de Apolo bem desenvolvido geralmente é carismática, otimista e dotada de um forte senso estético.

Um monte subdesenvolvido pode refletir falta de confiança em si mesmo, dificuldade em encontrar um propósito ou medo de se destacar. Um monte excessivamente elevado, por outro lado, pode sugerir vaidade ou desejo exagerado por atenção e aprovação.

O Deus Apolo

Na mitologia, Apolo é o deus da luz, da música, das artes, da poesia, da profecia e da cura. Ele simboliza a harmonia, o equilíbrio e a busca pela perfeição. Apolo também é o portador da luz da verdade, representando a clareza e a inspiração divina.

A energia de Apolo no monte nos lembra de buscar a beleza e a autenticidade em nossas vidas, irradiando nossa essência de maneira genuína. Ele inspira a coragem para brilhar e a criatividade para expressar quem realmente somos.

Linhas e Sinais no Monte de Apolo

- **Linhas verticais claras**: indicam talento artístico, criatividade e sucesso em empreendimentos pessoais.
- **Estrela**: um sinal muito auspicioso, que aponta para fama, reconhecimento e conquistas marcantes.

- **Círculo**: raro e significativo, representa grandes realizações ou um evento de destaque.
- **Grade ou linhas cruzadas**: podem sugerir bloqueios criativos, críticas ou frustrações relacionadas ao reconhecimento pessoal.
- **Ilhas ou manchas**: possíveis dificuldades em expressar sua essência ou encontrar o próprio brilho.

Como Interpretar o Monte de Apolo

- **Monte bem desenvolvido**: indica uma pessoa com talento natural para as artes, otimismo e capacidade de inspirar os outros. Geralmente, esses indivíduos são admirados por sua criatividade e autenticidade.
- **Monte subdesenvolvido**: sugere timidez, dificuldade em expressar talentos ou medo de se destacar.
- **Monte excessivamente elevado**: pode revelar vaidade ou preocupação excessiva com a aparência e a opinião dos outros.

Como Fortalecer as Energias do Monte de Apolo

- Praticar atividades criativas, como pintura, música, dança ou escrita, para explorar seu potencial artístico.
- Usar cristais como citrino, pedra do sol ou âmbar, que ajudam a ampliar a energia criativa e a atrair o sucesso.
- Meditar sobre a luz e a energia solar, visualizando sua essência irradiando brilho e autenticidade.
- Trabalhar com afirmações positivas que reforcem sua autoestima e capacidade de brilhar.

O Monte de Apolo nos convida a encontrar nossa luz interior e a compartilhá-la com o mundo de maneira única e criativa. Sob a influência do deus Apolo, ele nos lembra de que a verdadeira felicidade está em ser autêntico e buscar a beleza em tudo que fazemos. Quando equilibrado, esse monte revela uma pessoa inspiradora, talentosa e em harmonia com sua essência mais brilhante.

O Monte de Mercúrio

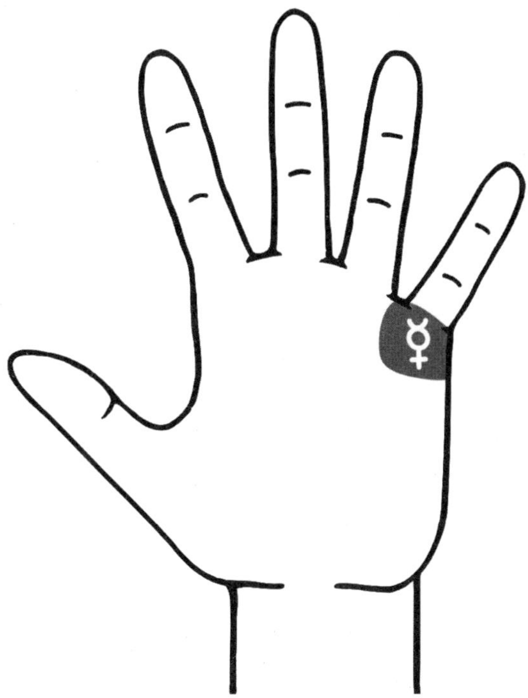

O **Monte de Mercúrio** na quiromancia está localizado abaixo do dedo mínimo, o **Dedo de Mercúrio**. Esse monte está ligado à comunicação, à inteligência, às habilidades interpessoais e à capacidade de negociação. Sua energia reflete a maneira como nos expressamos, interagimos socialmente e resolvemos problemas práticos no dia a dia. Ele carrega a essência do deus **Mercúrio**, o mensageiro na mitologia romana (equivalente ao deus Hermes na mitologia grega), simbolizando astúcia, velocidade e eloquência.

O Monte de Mercúrio é o centro da comunicação e da mente lógica. Ele revela o quão habilidosos somos em expressar ideias, compreender os outros e lidar com o mundo dos negócios e relacionamentos. Pessoas com esse monte bem desenvolvido têm grande facilidade em aprender, negociar e se adaptar a diferentes situações sociais.

- **Monte de Mercúrio bem desenvolvido**: indica uma mente ágil, criatividade na solução de problemas e talento para comunicação. São indivíduos que têm facilidade em persuadir e influenciar os outros.
- **Monte subdesenvolvido**: pode apontar para dificuldades em se expressar, falta de interesse social ou problemas em criar conexões interpessoais.
- **Monte excessivamente elevado**: sugere uma tendência à manipulação, à desonestidade ou o uso excessivo das habilidades comunicativas de forma não construtiva.

O Deus Mercúrio

Na mitologia, Mercúrio é o deus dos mensageiros, do comércio, das viagens e dos ladrões. Ele representa a inteligência prática, a criatividade e a habilidade de conectar ideias e pessoas. Sua energia no monte reflete a rapidez mental e a capacidade de adaptação.

Mercúrio também simboliza o equilíbrio entre lógica e intuição, incentivando-nos a utilizar nossa inteligência e comunicação de maneira eficaz e ética.

Linhas e Sinais no Monte de Mercúrio

- **Linhas verticais claras**: indicam talento para comunicação, criatividade e habilidades interpessoais.
- **Estrela**: uma marca rara, indica genialidade e sucesso em atividades relacionadas à mente ou à comunicação.
- **Grade ou linhas cruzadas**: podem sugerir dificuldades em comunicação, mal-entendidos ou manipulação.
- **Triângulo**: representa habilidades diplomáticas e inteligência emocional.
- **Ilhas ou manchas**: possíveis dificuldades emocionais ou obstáculos na interação com os outros.

Como Interpretar o Monte de Mercúrio

- **Monte bem desenvolvido**: indica uma pessoa articulada, criativa e talentosa para negociar e resolver problemas. São indivíduos que têm grande habilidade em conectar ideias e se destacam em carreiras como ensino, escrita, vendas ou psicologia.
- **Monte subdesenvolvido**: reflete timidez, dificuldade em expressar ideias ou pouca iniciativa em interações sociais.
- **Monte excessivamente elevado**: pode indicar uma pessoa que usa a comunicação de forma manipuladora ou desonesta.

Como Fortalecer as Energias do Monte de Mercúrio

- Praticar atividades que desafiem a mente, como leitura, escrita ou jogos que estimulem a criatividade e a inteligência.
- Trabalhar com cristais, como ágata azul ou fluorita, que promovem clareza mental e melhoram a comunicação.
- Meditar no chacra laríngeo (garganta) para equilibrar as energias da expressão verbal.
- Participar de atividades sociais ou grupos de discussão para desenvolver habilidades interpessoais.

O Monte de Mercúrio é um reflexo de como utilizamos nossa mente e voz para nos conectarmos ao mundo. Sob a influência do deus Mercúrio, ele nos inspira a comunicar com clareza, resolver problemas com criatividade e criar pontes entre ideias e pessoas. Quando equilibrado, esse monte revela uma personalidade persuasiva, adaptável e com grande capacidade de aprendizado e interação social.

Os Montes de Marte

Os **Montes de Marte** na quiromancia representam a força interior, a coragem e a maneira como lidamos com desafios e conflitos. Diferentemente de outros montes, os de Marte são divididos em três partes distintas, cada uma com um significado específico. Eles estão associados ao deus **Marte**, o deus romano da guerra, que simboliza energia, bravura e determinação.

Divisões dos Montes de Marte

1. Monte de Marte Inferior ou Negativo

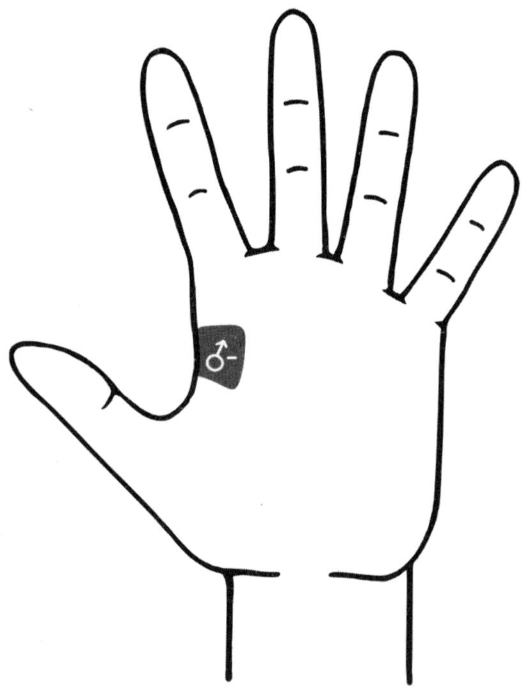

- Localizado na base do polegar, entre o Monte de Vênus e o Campo de Marte.
- Representa a força física, a coragem e a capacidade de ação. Está ligado à energia instintiva de defesa e ataque, bem como à determinação para enfrentar desafios.
- **Bem desenvolvido**: indica uma pessoa corajosa, enérgica e com uma abordagem prática para resolver problemas.
- **Subdesenvolvido**: pode sugerir falta de energia ou dificuldade em agir quando necessário.
- **Excessivamente elevado**: tendência à impulsividade ou à agressividade.

2. *Campo de Marte (Centro de Marte)*

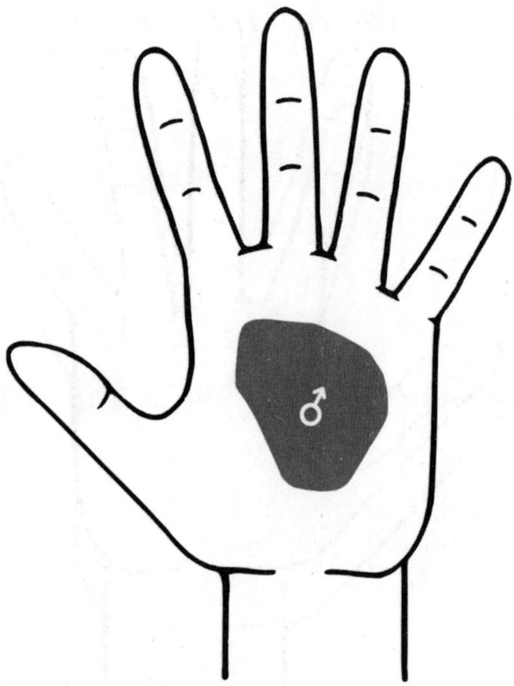

- Localizado no centro da palma, entre os Montes de Marte Superior e Inferior.
- Simboliza o equilíbrio, a racionalidade e a capacidade de enfrentar conflitos de forma estratégica e diplomática.
- **Bem desenvolvido**: reflete equilíbrio emocional e habilidade para lidar com situações desafiadoras sem perder a calma.
- **Subdesenvolvido**: sugere dificuldade em mediar conflitos ou tomar decisões equilibradas.
- **Excessivamente elevado**: pode indicar indecisão ou exagero na tentativa de agradar a todos.

3. Monte de Marte Superior ou Positivo

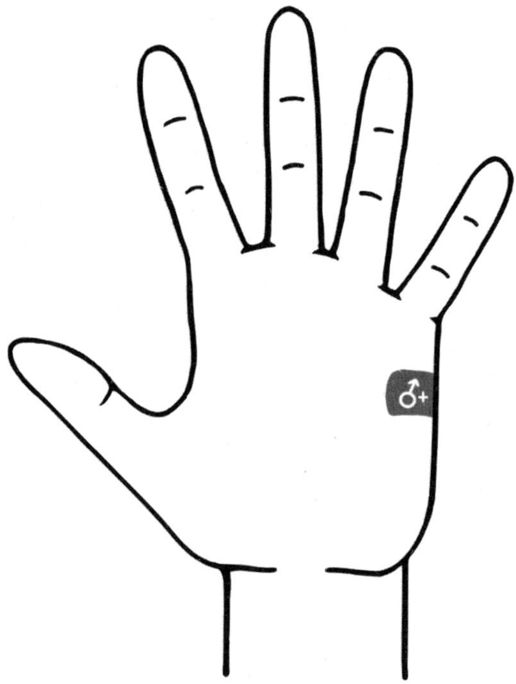

- Localizado abaixo do Monte de Mercúrio, na borda externa da palma.
- Representa a resiliência emocional, a paciência e o controle diante de situações difíceis. Está ligado à força interior e à capacidade de superar adversidades sem reagir de forma impulsiva.
- **Bem desenvolvido**: indica autocontrole, paciência e habilidade para enfrentar conflitos de forma pacífica.
- **Subdesenvolvido**: pode sugerir dificuldade em manter a calma ou falta de resistência emocional.
- **Excessivamente elevado**: tendência à passividade ou dificuldade em se impor.

O Deus Marte e Sua Influência

Na mitologia romana, Marte é o deus da guerra, conhecido por sua energia combativa e liderança em batalhas. Ele simboliza força, coragem e a luta por objetivos. Essa energia é refletida nos Montes de Marte, que mostram como uma pessoa usa sua força física, emocional e mental para enfrentar desafios.

Marte também nos ensina a equilibrar impulso e estratégia, nos convidando a agir não só com determinação, mas também com sabedoria.

Linhas e Sinais nos Montes de Marte

- **Linhas claras e retas**: indicam força de caráter, determinação e habilidade para superar obstáculos.
- **Grade ou linhas cruzadas**: podem sugerir conflitos internos ou externos ou, ainda, dificuldade em lidar com pressão.
- **Estrela**: uma marca de sorte, representa coragem extraordinária ou sucesso em enfrentar grandes desafios.
- **Triângulo**: indica estratégias inteligentes e resolução pacífica de conflitos.
- **Ilhas ou manchas**: podem apontar para bloqueios emocionais ou traumas.

Como Fortalecer as Energias dos Montes de Marte

- **Monte de Marte Inferior**: pratique atividades físicas para canalizar a energia de forma positiva e desenvolver força de vontade.
- **Campo de Marte**: trabalhe o equilíbrio emocional por meio de meditação ou técnicas de respiração.
- **Monte de Marte Superior**: fortaleça a resiliência emocional com práticas de *mindfulness* ou terapia, e desenvolva paciência por meio de exercícios de autocontrole.

Cristais, como jaspe vermelho (força física), hematita (proteção) e quartzo-fumé (equilíbrio emocional), podem ser usados para potencializar as energias desses montes.

Os Montes de Marte são um reflexo de como enfrentamos as batalhas da vida — tanto externas quanto internas. Quando bem equilibrados, eles indicam uma pessoa que combina força física, controle emocional e estratégia racional. Sob a influência do deus Marte, esses montes nos ensinam a lutar pelos nossos objetivos com coragem e sabedoria, mantendo sempre o equilíbrio entre ação e paciência.

O Monte de Vênus

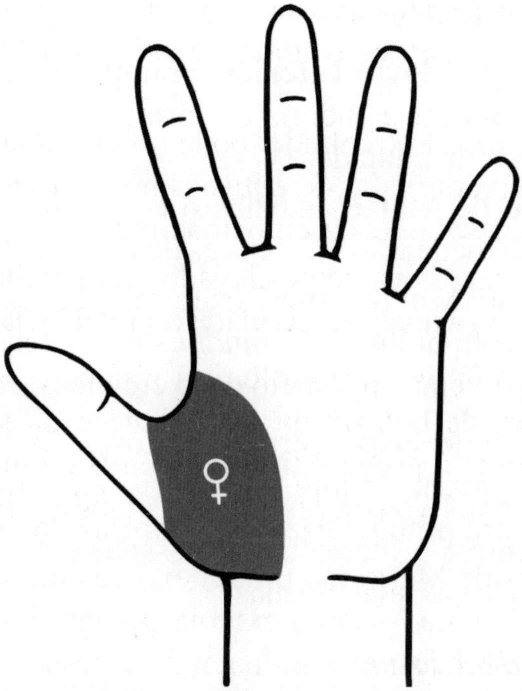

O **Monte de Vênus** na quiromancia é um dos montes mais importantes, localizado na base do polegar e rodeado pela Linha da Vida. Ele está relacionado ao amor, à beleza, à sensualidade, ao prazer e à energia vital. Esse monte carrega a essência de Vênus, a deusa romana do amor e da beleza, equivalente à Afrodite na mitologia grega, representando a conexão emocional, a harmonia e a busca pelo prazer na vida.

O Monte de Vênus reflete como uma pessoa vive suas relações, sentimentos e prazeres. Ele está associado ao magnetismo pessoal, à vitalidade e ao senso estético. Um Monte de Vênus bem desenvolvido indica uma pessoa calorosa, generosa, com forte desejo de aproveitar a vida e buscar conexões profundas.

- Monte de Vênus bem desenvolvido: sugere uma pessoa amorosa, carismática e com grande energia vital. Esses indivíduos valorizam o amor, o conforto e a beleza em todas as formas.
- Monte subdesenvolvido: pode refletir uma personalidade reservada, falta de entusiasmo pela vida ou dificuldade em se conectar emocionalmente.
- Monte excessivamente elevado: pode indicar indulgência excessiva, possessividade ou tendências hedonistas.

A **Deusa Vênus**, na mitologia romana, é a personificação do amor, da beleza, da fertilidade e da sensualidade. Correspondente à grega Afrodite, Vênus é uma das figuras mitológicas mais veneradas, representando a harmonia nos relacionamentos, o magnetismo pessoal e a celebração do prazer em todas as suas formas.

Mitologia de Vênus

Vênus é filha de Júpiter e Dione em algumas tradições romanas, enquanto outras a ligam diretamente à espuma do mar, destacando sua origem divina e beleza celestial. Ela é conhecida como a deusa que governa as paixões do coração, os desejos e a busca por conexão emocional. Em muitas histórias, Vênus desempenha papéis que exploram o poder do amor, tanto em sua forma construtiva quanto em sua capacidade de causar caos.

Vênus foi frequentemente associada a Marte, o deus da guerra, simbolizando o equilíbrio entre o amor e a força. Esse relacionamento reflete a dinâmica entre o desejo e a ação, mostrando que o amor pode tanto pacificar quanto inspirar grandes feitos.

Simbolismo de Vênus no Monte de Vênus

Na quiromancia, o Monte de Vênus incorpora as qualidades da deusa: amor, beleza, charme, sensualidade e vitalidade. Esse monte reflete como cada pessoa manifesta a energia de Vênus em sua vida, incluindo:

- A busca por prazer e conforto.
- A capacidade de amar e ser amado.
- O magnetismo pessoal e a atração.

Quando bem equilibrado, o Monte de Vênus e sua energia divina trazem harmonia, entusiasmo pela vida e uma abordagem calorosa nos relacionamentos. No entanto, um desequilíbrio pode levar à possessividade, à indulgência excessiva ou à desconexão emocional.

Conexão com a Deusa Vênus

Para quem deseja fortalecer a conexão com a energia de Vênus, algumas práticas podem ser úteis:

- **Rituais de beleza**: dedique tempo para cuidar de si mesmo, como banhos aromáticos com pétalas de rosa e óleos essenciais, honrando sua beleza interna e externa.
- **Cristais de Vênus**: use pedras como quartzo-rosa, jade e aventurina para atrair amor e equilíbrio emocional.
- **Meditação com Vênus**: visualize a deusa cercada por flores e luz suave, irradiando amor e harmonia, e peça orientação para criar conexões mais profundas e genuínas.
- **Celebrar os prazeres da vida**: cultive o apreço por arte, música, gastronomia e todas as formas de expressão que tragam alegria.

Considerações Finais

A energia da deusa Vênus no Monte de Vênus nos lembra da importância de amar e ser amado, de apreciar a beleza ao nosso redor e de nos conectarmos com a alegria e o prazer de viver. Ao trabalhar com sua energia, podemos trazer mais harmonia para nossas relações, para a vida emocional e autoestima. Vênus nos convida a explorar o amor em sua forma mais elevada: como uma celebração da vida e da conexão humana.

O Monte de Netuno

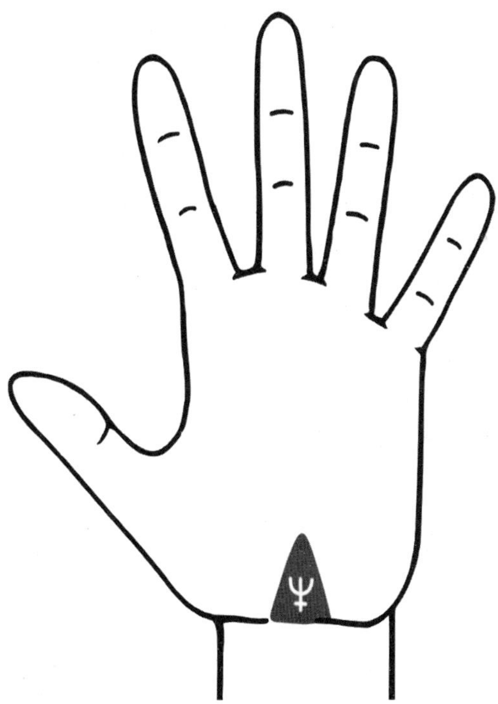

O **Monte de Netuno** não é tradicionalmente reconhecido nos sistemas clássicos de quiromancia, mas, em interpretações modernas ou alternativas, ele pode ser considerado uma área simbólica da mão associada à espiritualidade profunda, à intuição e à conexão com o inconsciente. Ele está vinculado à energia do deus Netuno, regente do mar e das profundezas na mitologia romana, correspondente a Poseidon na mitologia grega.

Localização (Interpretação Alternativa)

Embora não seja amplamente aceito, alguns sistemas de quiromancia associam o Monte de Netuno à região central do Campo de Marte, entre os Montes de Marte Superior e Inferior. Outra interpretação o vincula à base da palma, perto do pulso, representando o portal para o mundo interior e subconsciente. Eu vejo o Monte de Netuno sempre na base da mão, onde normalmente se forma um triângulo, um símbolo que fala sobre as raízes espirituais que a pessoa tem em sua vida.

Se adotarmos essa visão alternativa, o Monte de Netuno simboliza a conexão com o místico, a sensibilidade emocional e a busca por significados profundos. Ele reflete nossa capacidade de compreender o invisível, e de se entregar à espiritualidade e ao fluxo universal.

- Monte de Netuno bem desenvolvido: indica uma pessoa profundamente intuitiva, criativa e sensível. Há uma tendência a se conectar com energias mais sutis e a encontrar inspiração em sonhos e simbolismos.
- Monte subdesenvolvido: pode sugerir desconexão com a espiritualidade ou dificuldade em acessar o próprio inconsciente.
- Monte excessivamente elevado: pode indicar tendência à fuga da realidade, ilusões ou dependência emocional.

O Deus Netuno

Netuno é o deus romano dos mares, das águas e dos terremotos. Ele simboliza a força do inconsciente, a dualidade entre calmaria e tempestade, além do poder transformador das emoções profundas. Sua energia é fluida, introspectiva e criativa, mas também caótica quando desbalanceada.

Na mão, sua influência sugere o movimento entre o consciente e o inconsciente, inspirando criatividade, imaginação e uma profunda sensibilidade emocional. Ele também está associado à capacidade de adaptação e à entrega ao fluxo natural da vida.

Linhas e Sinais no Monte de Netuno (Interpretação Alternativa)

- **Linhas verticais claras:** indicam forte intuição e conexão espiritual.
- **Grade ou linhas cruzadas:** podem refletir confusão emocional ou dificuldade em equilibrar o mundo interno e externo.
- **Estrela:** ter esta marca neste monte representa dons espirituais ou uma vida rica em experiências místicas.
- **Triângulo:** indica habilidades esotéricas, como mediunidade ou uma forte conexão com o plano espiritual.
- **Ilhas ou manchas:** possíveis desafios emocionais, confusão ou períodos de turbulência interna.

Como Fortalecer as Energias do Monte de Netuno

- Trabalho espiritual: pratique meditação, visualize a fluidez da água ou conecte-se ao elemento água para fortalecer sua intuição e clareza emocional.
- Cristais de Netuno: use pedras como ametista, água-marinha ou labradorita para melhorar a sensibilidade espiritual e emocional.
- Expressão criativa: explore atividades, como pintura, escrita ou música, que canalizem sua imaginação e intuição.
- Reconexão com o inconsciente: trabalhe com sonhos e símbolos, mantendo um diário para interpretar mensagens do subconsciente.

Embora o Monte de Netuno não seja uma parte tradicional da quiromancia, sua interpretação moderna pode enriquecer o entendimento da espiritualidade e da intuição na leitura das mãos. Sob a influência do deus Netuno, esse monte nos convida a mergulhar nas profundezas do nosso ser, acessando a sabedoria oculta e navegando pelas emoções com graça e equilíbrio. Ele nos lembra de que a verdadeira transformação começa no mundo interno, refletindo-se no externo como uma dança fluida e harmônica.

O Monte da Lua

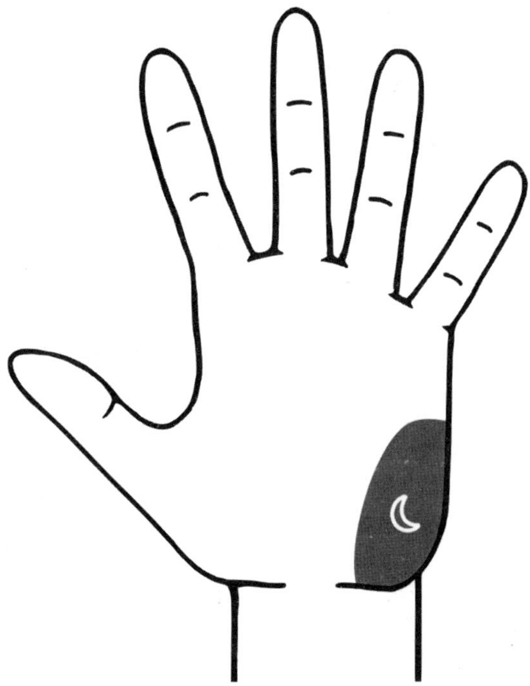

O **Monte da Lua**, na quiromancia, está localizado na parte inferior da palma, oposto ao polegar. Esse monte está associado à intuição, à imaginação, à sensibilidade emocional e à conexão com o inconsciente. Ele reflete como a pessoa se conecta com seus sonhos, a criatividade e os mistérios do mundo interior. Sua energia está profundamente ligada à Lua, que representa os ciclos naturais, a espiritualidade e a inspiração.

O Monte da Lua revela a capacidade de uma pessoa de sonhar, criar e explorar os aspectos mais sutis da vida. Ele é essencial para aqueles que buscam compreender seu mundo interior e viver em harmonia com suas emoções.

- Monte da Lua bem desenvolvido: indica uma pessoa criativa, intuitiva e sensível, com uma forte conexão espiritual e uma imaginação fértil.
- Monte subdesenvolvido: sugere dificuldade em acessar a intuição, falta de criatividade ou desconexão com as emoções.
- Monte excessivamente elevado: pode indicar tendência ao escapismo, excesso de fantasia ou dificuldade em lidar com a realidade.

A Deusa Diana e Ártemis na Mitologia

Na mitologia, Diana, de origem romana, e Ártemis, da tradição grega, são deusas interligadas e associadas à Lua, à natureza e ao feminino. Ambas personificam a intuição, os mistérios noturnos e a força feminina, em harmonia com os ciclos da vida.

- **Diana:** na mitologia romana, é a deusa da Lua e da caça, representando a clareza, a força e a proteção. Reverenciada como a guardiã dos bosques e da fertilidade, ela simboliza a independência e o equilíbrio entre espiritualidade e natureza.
- **Ártemis:** na mitologia grega, é sua equivalente, conhecida como a deusa da pureza, da caça e da natureza intocada. Ligada ao espírito aventureiro, Ártemis inspira liberdade e conexão com os ritmos naturais.

Ambas são associadas à Lua Crescente, guiando viajantes noturnos, protegendo os vulneráveis e inspirando criatividade e introspecção.

Simbolismo de Diana e Ártemis no Monte da Lua

Na quiromancia, o Monte da Lua reflete as qualidades compartilhadas pelas deusas Diana e Ártemis: imaginação, intuição, sensibilidade e criatividade. Esse monte é o centro da conexão espiritual, em que os mistérios do inconsciente se tornam inspiração para a vida.

Manifestações do Monte da Lua ligadas às deusas:

- Capacidade de sonhar e criar, inspirada pela força da natureza.
- Sensibilidade para perceber energias sutis e proteger o que é sagrado.
- Intuição e busca por equilíbrio entre liberdade e conexão espiritual.

Quando equilibrado, o Monte da Lua promove harmonia, criatividade e uma profunda ligação com a natureza e o mundo espiritual. Em desequilíbrio, pode gerar escapismo ou dificuldade em lidar com emoções intensas.

Conexão com Diana e Ártemis

Fortaleça a energia do Monte da Lua e conecte-se com as deusas Diana e Ártemis por meio de práticas espirituais e rituais:

- **Rituais noturnos:** medite sob a luz da Lua Crescente, sentindo sua energia prateada como guia para sua intuição e força interior.
- **Cristais lunares:** trabalhe com pedras, como pedra da lua, selenita ou labradorita, para amplificar sua conexão espiritual.

- **Exploração da natureza:** caminhe em florestas ou parques à noite, sentindo a energia selvagem e libertadora das deusas.
- **Rituais de proteção e liberdade:** acenda velas brancas ou prateadas, e visualize Diana e Ártemis guiando sua jornada emocional e espiritual.
- **Diário de sonhos e intuições:** registre reflexões noturnas e insights para fortalecer sua relação com o inconsciente e os ciclos da vida.

A Energia de Diana e Ártemis no Monte da Lua

O Monte da Lua, associado às deusas Diana e Ártemis, nos convida a explorar os mistérios do inconsciente, ouvir nossa intuição e celebrar os ciclos naturais da vida. Apesar de pertencerem a diferentes tradições, essas deusas compartilham os mesmos atributos: força, sensibilidade e criatividade, conectando o humano ao divino por meio da Lua.

Ao honrar Diana e Ártemis e trabalhar com suas energias, podemos acessar nossa espiritualidade mais profunda e viver em harmonia com os ritmos da vida, equilibrando emoção e imaginação. Essa conexão nos inspira a sonhar e a criar com autenticidade e equilíbrio.

Capítulo 10

As Linhas Principais da Quiromancia

1. Linha da Vida
2. Linha da Cabeça
3. Linha do Coração
4. Linha do Destino

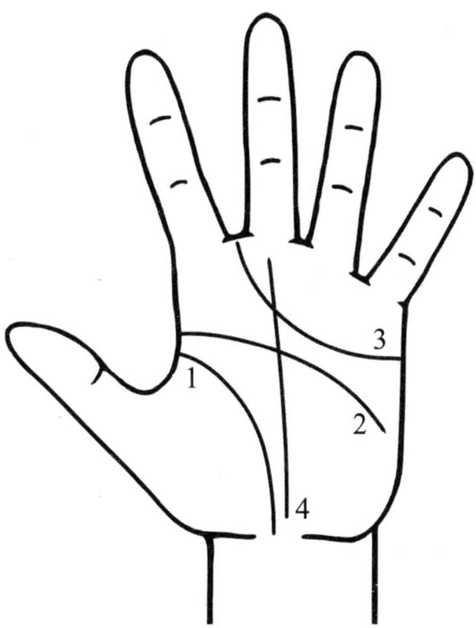

Na palma de cada mão, quatro linhas principais se destacam como pilares da quiromancia: a Linha da Vida,a Linha da Cabeça, a Linha do Coração e a Linha do Destino. Essas linhas oferecem uma visão abrangente sobre o caminho de vida, as emoções, o intelecto e os eventos que moldam o destino de uma pessoa.

Cada linha é única em sua forma, posição e energia, refletindo diferentes aspectos da personalidade e do potencial humano. Para facilitar a compreensão, as linhas podem ser associadas aos **quatro elementos** – Terra, Água, Fogo e Ar – que ajudam a contextualizar suas influências e significados.

As Quatro Linhas Principais e Seus Elementos

1. **Linha da Vida (Elemento Terra):**
   Representa a energia vital, a força física e a conexão com o mundo material e o corpo.
2. **Linha do Coração (Elemento Água):**
   Simboliza as emoções, os relacionamentos e a sensibilidade.
3. **Linha da Cabeça (Elemento Ar):**
   Reflete o intelecto, o pensamento lógico e a comunicação.
4. **Linha do Destino (Elemento Fogo):**
   Representa o propósito, os eventos marcantes e a jornada de vida.

Agora vamos entender melhor o significado de cada uma dessas linhas.

Linha da Vida (Elemento Terra) – O Traço da Vitalidade e da Jornada Pessoal

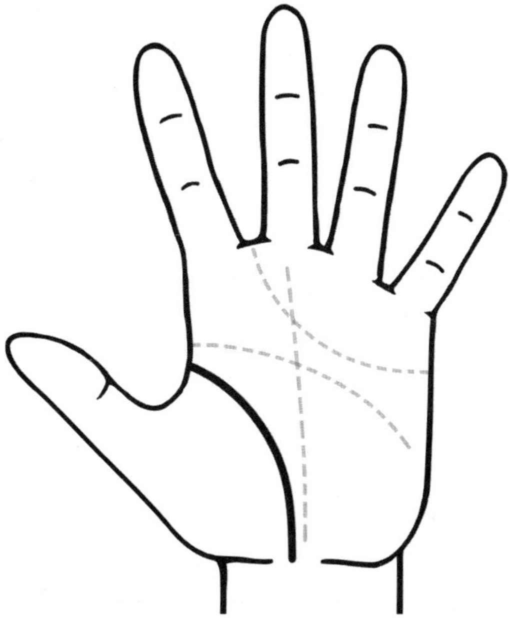

A Linha da Vida é uma das mais conhecidas da quiromancia, e também uma das mais mal interpretadas. Muita gente pensa que ela indica o tempo de vida – mas na verdade, essa linha fala sobre como a pessoa vive. Ela mostra a força vital, a energia que sustenta a vida, o jeito como o corpo reage aos altos e baixos, e como cada um administra sua vitalidade ao longo da jornada.

É uma linha que revela o ritmo com que se vive, a forma como a pessoa lida com o cansaço, com a saúde, com as mudanças e até com as fases de recomeço. É como se fosse o mapa do nosso corpo em movimento — o reflexo do quanto nos sentimos vivos, dispostos e conectados com a matéria.

Quanto mais marcada e profunda essa linha for, maior tende a ser a resistência física e emocional da pessoa. Já quando ela aparece mais apagada, fragmentada ou com interrupções, pode estar mostrando momentos de fragilidade, fases de baixa energia ou transições mais delicadas.

Mas vale reforçar: a Linha da Vida não diz quando a vida termina — ela fala sobre a qualidade da energia vital, e isso muda ao longo do tempo. Afinal, cada fase da vida é uma fase da alma também.

Onde a Linha da Vida começa:

- **Início próximo ao Monte de Júpiter**

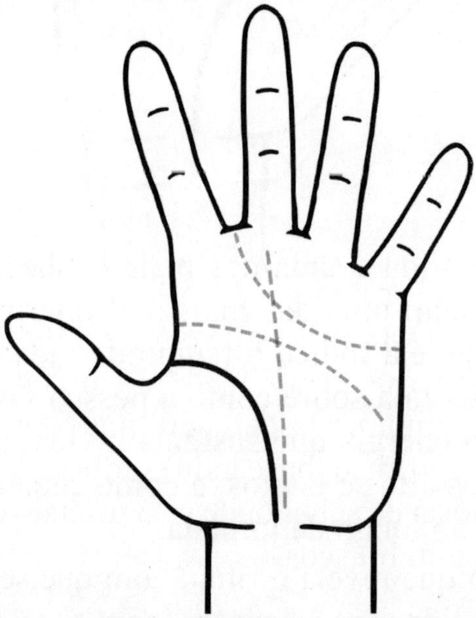

Essa pessoa nasce com fogo nos olhos. Desde cedo mostra ambição, força de vontade e desejo de crescer. Costuma ter sonhos grandes, metas bem definidas e uma personalidade determinada. É aquela criança que já parecia saber o que queria da vida! Com o tempo, essa energia pode se transformar em liderança, iniciativa e vontade de transformar o mundo à sua volta.

- **Início mais próximo ao polegar**

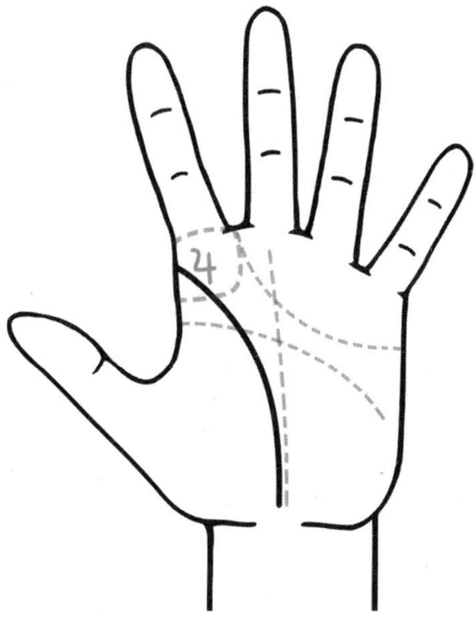

Aqui, a pessoa valoriza o que é sólido. Prefere planejar do que arriscar, gosta de estabilidade e vai construindo a vida tijolinho por tijolinho. Desde cedo, pode mostrar um perfil mais prático, pé no chão, buscando conforto, segurança e previsibilidade. Gosta de saber onde está pisando e tende a evitar movimentos muito bruscos.

Como a linha aparece:

- **Linha fragmentada ou fraca no início**

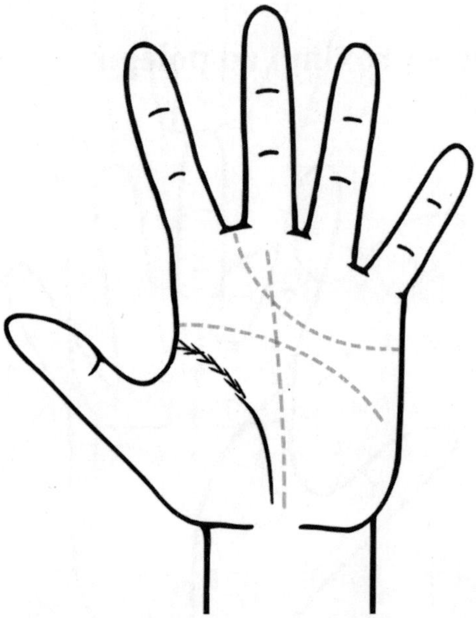

Pode mostrar uma infância mais difícil, com desafios de saúde, instabilidade emocional ou ambiente familiar turbulento. A energia vital pode ter sido mais frágil nos primeiros anos, e a pessoa precisou desenvolver força e resiliência logo cedo. Muitas vezes, essa formação revela alguém que cresceu enfrentando obstáculos e aprendeu a se adaptar ao mundo com coragem.

- **Linha clara e bem definida**

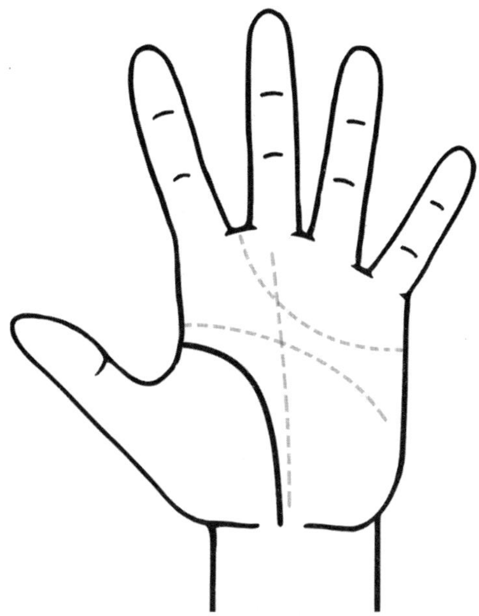

Indica uma base sólida, com boa vitalidade e equilíbrio emocional desde jovem. A pessoa geralmente teve uma infância estruturada e saudável, e carrega essa estabilidade ao longo da vida. Tem energia de sobra pra realizar o que deseja e consegue manter o foco com facilidade.

O formato do arco:

- **Arco amplo**

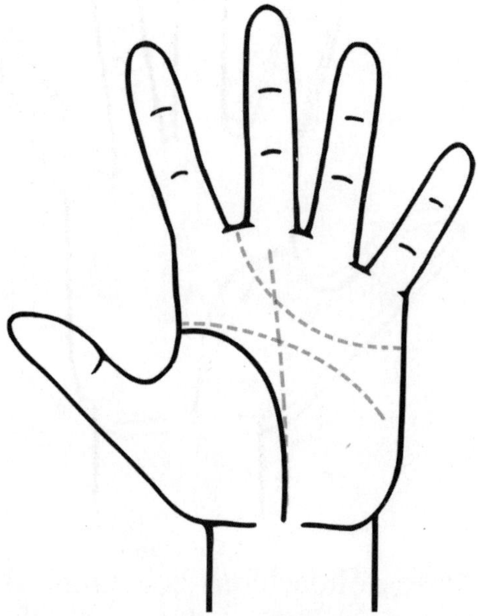

Aqui temos uma pessoa aventureira, cheia de vitalidade, curiosa com a vida. Gosta de experimentar, explorar, descobrir coisas novas. Não tem medo de mudar, de se reinventar. É alguém com uma capacidade incrível de regeneração física e emocional. Mesmo que caia, levanta com força renovada. Costuma abraçar a vida com entusiasmo.

- **Arco estreito**

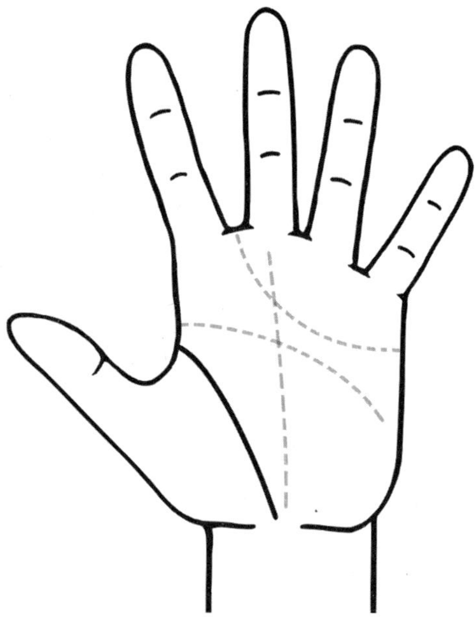

Esse traço indica uma energia mais concentrada, reservada. A pessoa tende a ser introspectiva, evita se expor demais ou se arriscar. Gosta de conservar energia, manter a calma e seguir dentro da zona de conforto. Não é negativa, apenas mais cuidadosa. Vive com mais cautela e valoriza a segurança nos seus processos.

Marcas, cruzamentos e sinais:

- **Linhas cruzando a Linha da Vida**

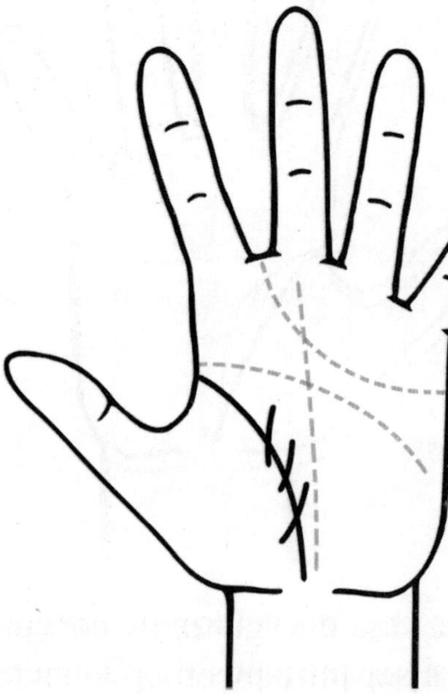

Esses encontros mostram momentos de desafio: mudanças inesperadas, obstáculos, decisões importantes. Pode ser uma mudança de cidade, uma separação, uma doença, ou qualquer experiência que exigiu força extra. São marcas de transformação que, embora desafiadoras, trazem muito aprendizado e crescimento.

- **Ilhas na linha**

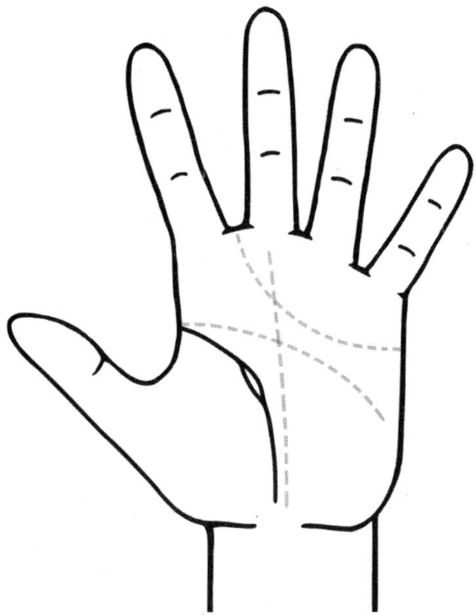

As ilhas representam momentos de fragilidade física ou emocional. Períodos em que a pessoa pode ter se sentido cansada, sobrecarregada ou até mesmo perdida. Pode ter sido uma fase de adoecimento, de crise existencial ou de esgotamento. Mas são marcas temporárias — e muitas vezes, depois delas, a energia volta com mais sabedoria.

- **Rompimentos na linha**

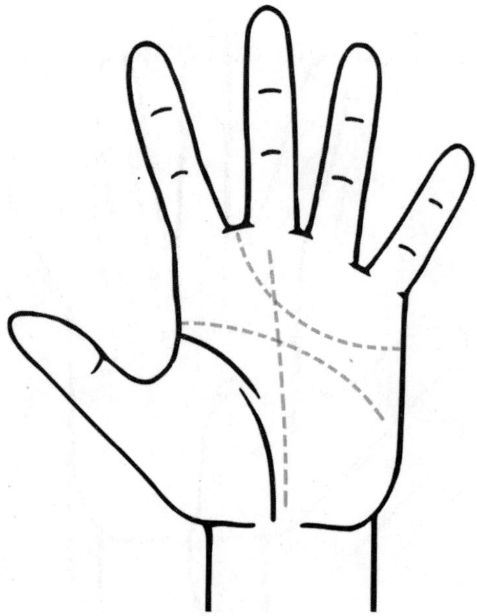

Quando a Linha da Vida se parte, é sinal de grandes recomeços. Algo precisou ser deixado para trás para que uma nova fase começasse. Pode representar uma mudança radical, como um novo estilo de vida, um despertar espiritual ou até mesmo a necessidade de reconstruir a própria identidade. Essa interrupção, por mais dolorosa que seja, também é uma chance de renascimento.

Onde essa linha termina:

- **Linha que segue até próximo ao punho**

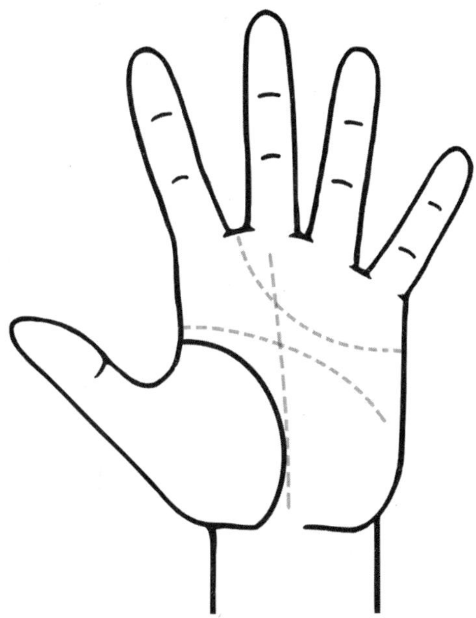

Essa pessoa é como uma árvore de raízes profundas: continua firme, mesmo com o passar do tempo. Mostra energia vital duradoura, vontade de viver e disposição para seguir ativa por muitos anos. Mesmo com a idade, mantém entusiasmo, aprende coisas novas e encara desafios com coragem. A maturidade aqui é cheia de vida.

- **Linha encerrada antes do punho**

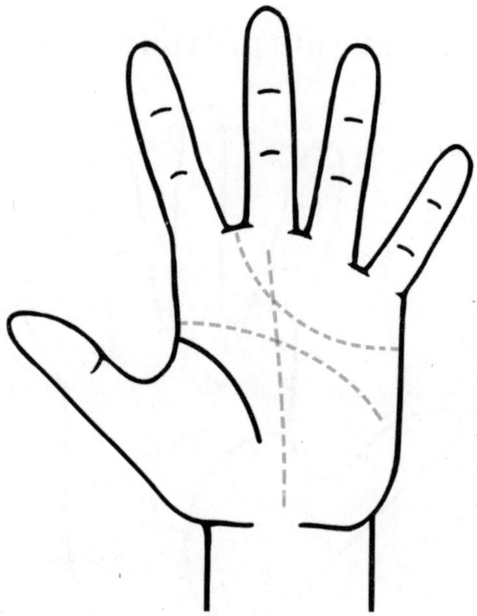

Indica uma mudança na forma de viver. A pessoa pode sentir necessidade de desacelerar, buscar uma vida mais tranquila, se recolher mais com o tempo. Isso não significa fraqueza — pelo contrário, pode ser sinal de sabedoria: ela escolhe cuidar mais de si, preservar sua energia e viver com mais leveza, priorizando o conforto da alma.

A Linha da Vida é muito mais do que um traço no centro da palma. Ela é o retrato do corpo em movimento, da energia que pulsa dentro de você, dos ciclos que se encerram e se renovam. É onde vemos não o quanto você vai viver, mas o quanto você vive com presença, consciência, coragem e amor por quem você é.

A Linha do Coração (Elemento Água) – O Caminho do Amor Gravado na Palma da Mão

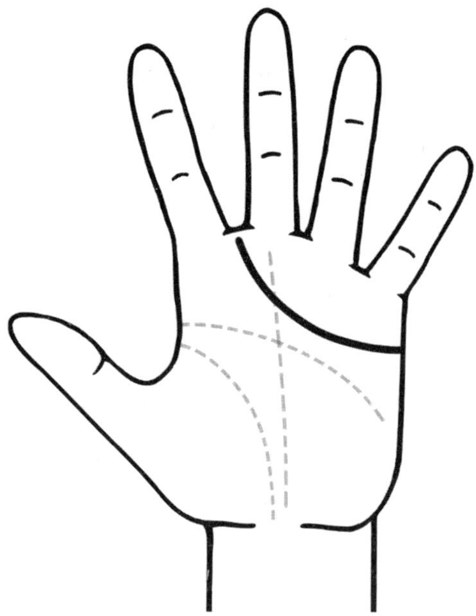

Se existe uma linha que emociona só de olhar, essa linha é a do Coração. Ela percorre a parte superior da palma da mão, logo abaixo dos dedos, e fala sobre os sentimentos mais profundos que habitam nossa alma. É por ela que a gente entende como ama, como sofre, como se conecta, como se entrega — e até como se fecha.

Essa linha revela a forma como vivemos nossas emoções mais íntimas: o amor romântico, a amizade verdadeira, os vínculos familiares e até os laços espirituais. Também mostra os padrões emocionais que carregamos inconscientemente, os traumas do passado que deixaram marca, e o quanto conseguimos nos abrir ou nos proteger nos relacionamentos.

Ela é como um espelho do coração: mostra onde fluímos com facilidade e onde a energia do amor encontra bloqueios. Ela fala da nossa capacidade de perdoar, de se doar, de acolher o outro — e de acolher a nós mesmos.

Onde a Linha do Coração começa:

- **Início no Monte de Mercúrio**

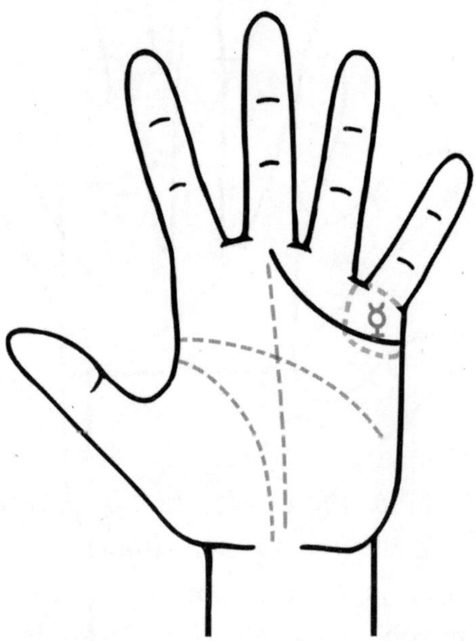

Quando a Linha do Coração começa ali, pertinho do Monte de Mercúrio, estamos diante de uma pessoa que sabe se comunicar emocionalmente. Ela fala de amor com clareza, consegue dizer o que sente e valoriza a troca afetiva baseada no diálogo. São pessoas que não guardam o que sentem — elas colocam pra fora, verbalizam, buscam harmonia através da conversa.

Essa configuração favorece relacionamentos transparentes, onde há espaço para ouvir e ser ouvido. Pessoas com esse tipo de linha têm empatia, são expressivas e muitas vezes se tornam referência emocional para os outros. Elas têm uma maneira generosa de se conectar com quem amam.

- **Início entre o Monte de Mercúrio e o Monte da Lua (região de Marte Positivo)**

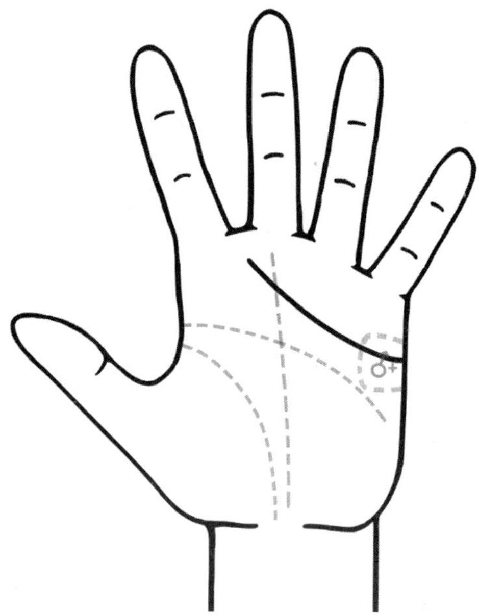

Esse é o famoso ponto de equilíbrio. A pessoa é emocionalmente forte, mas sem perder a sensibilidade. Consegue manter os sentimentos em equilíbrio mesmo diante das tempestades. Ela não é do tipo que se deixa levar por qualquer emoção, mas também não se fecha completamente. Existe aqui uma maturidade afetiva que impressiona.

Pessoas com esse traço são confiáveis emocionalmente, firmes no que sentem, e sabem lidar com os altos e baixos das relações com sabedoria. Elas têm a capacidade de amar com profundidade, mas sem perder o discernimento.

- **Início próximo ao Monte da Lua**

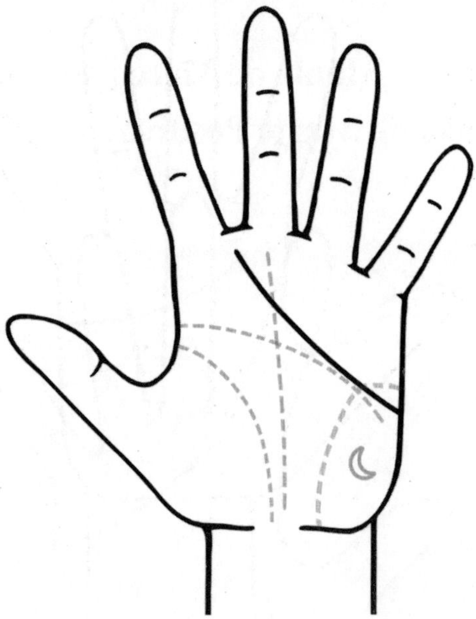

Aqui mora a alma do sonhador. Essa pessoa ama como quem escreve poesia. Vive o amor com intensidade, paixão e uma boa dose de fantasia. São pessoas extremamente intuitivas, que sentem mais do que conseguem explicar, e que muitas vezes esperam viver um amor de filme — daqueles que emocionam até os anjos.

Mas essa sensibilidade toda também pode levar à frustração. Expectativas altas, idealização do outro e aquela busca por algo quase impossível podem trazer dores. Por outro lado, quando aprendem a equilibrar essa visão idealizada com o que a vida realmente oferece, tornam-se os amantes mais inspiradores e profundos que se pode ter por perto.

Como a linha aparece:

- **Linha clara e bem definida**

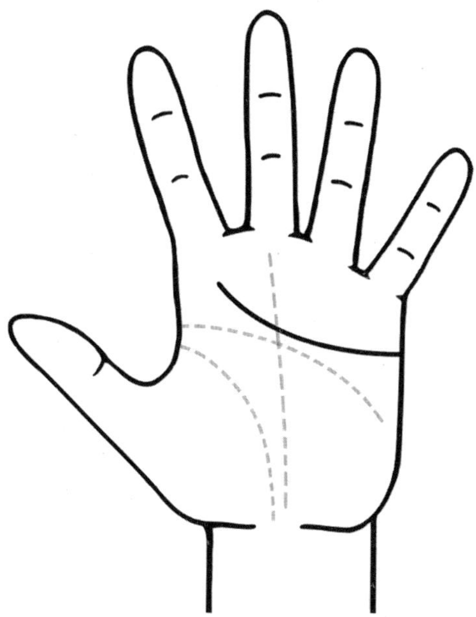

Mostra uma pessoa com estabilidade emocional. Alguém que sente com profundidade, mas sem se perder nas emoções. Consegue expressar o que sente com clareza e costuma se envolver em relações sinceras, maduras e construtivas. Não tem medo de amar — e ama bonito.

Essa clareza emocional é sinal de um coração curado, ou pelo menos em constante processo de cura. É alguém que valoriza vínculos verdadeiros e que não joga com os sentimentos dos outros. Pode até ter sofrido no passado, mas aprendeu a se amar e a amar melhor.

- **Linha fraca ou fragmentada**

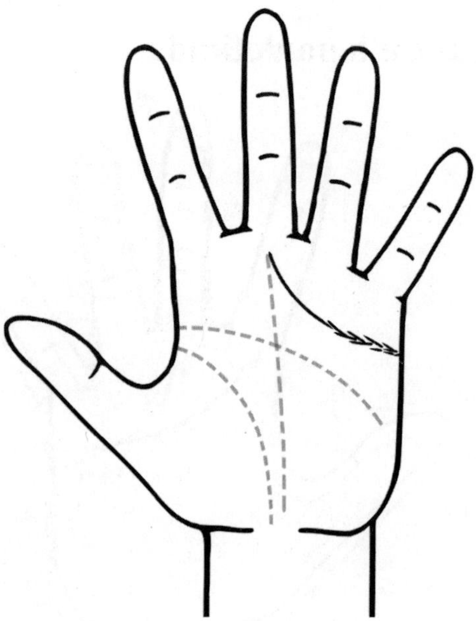

Aqui temos um coração mais sensível, talvez ainda com feridas abertas. Essa pessoa pode ter dificuldade em confiar, em se entregar por completo, ou em manter relações afetivas por longos períodos. Às vezes, ama demais. Outras vezes, se retrai por medo de sofrer.

Pode ser alguém que alterna momentos de entrega com fases de afastamento, ou que atrai relações instáveis porque ainda não encontrou o próprio centro emocional. Mas não há nada de errado nisso — essas marcas falam de uma história afetiva real, de altos e baixos que fazem parte do amadurecimento emocional.

O formato da Linha do Coração:

- **Linha curvada para cima**

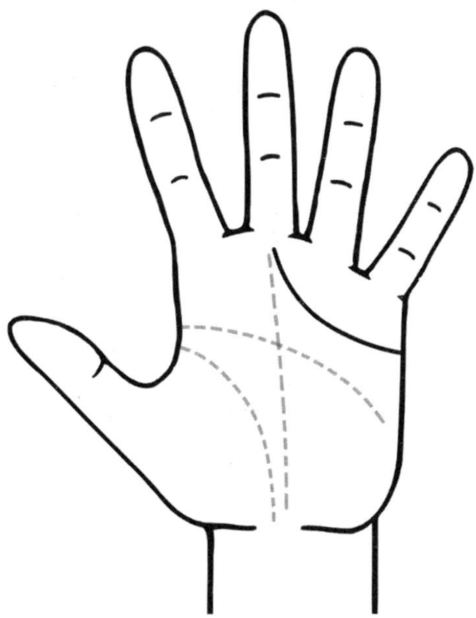

Essa pessoa tem o coração nas mãos. Demonstra afeto com facilidade, se entrega com intensidade e ama com presença. É calorosa, carismática, apaixonada. Gosta de demonstrar o que sente com gestos, palavras, toques e olhares. Onde ela passa, espalha encanto.

É o tipo de pessoa que transforma qualquer relação em algo mais bonito. Ama de corpo, alma e sorriso no rosto. Pode se magoar com facilidade, sim, mas também se reconstrói e volta a amar com a mesma intensidade. Está sempre pronta para amar de novo.

• Linha reta, com pouca curvatura

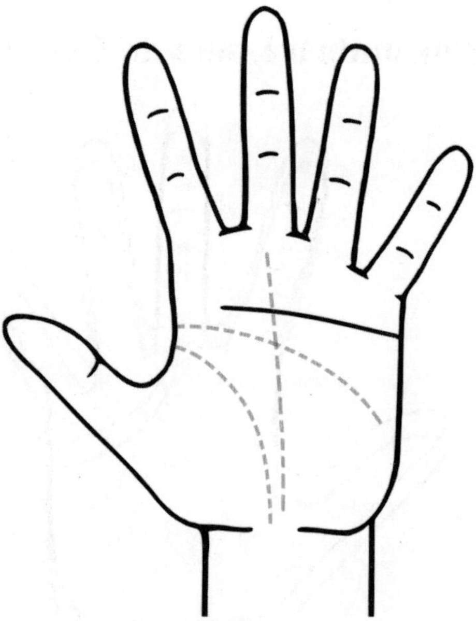

Indica uma abordagem mais racional diante do amor. A pessoa ama, sim, mas tem dificuldade em demonstrar. Prefere mostrar através de atitudes do que de palavras. Costuma ser mais reservada emocionalmente, não por frieza, mas por autoproteção.

Ela se importa — muito. Mas vai demonstrar isso trazendo café na cama, resolvendo problemas, fazendo planos. O amor, para ela, é prático, real, cotidiano. A entrega é silenciosa, mas firme. Quem aprende a escutar esse silêncio descobre um coração profundo ali dentro.

Marcas e sinais ao longo da linha:

- **Linhas cruzando a Linha do Coração**

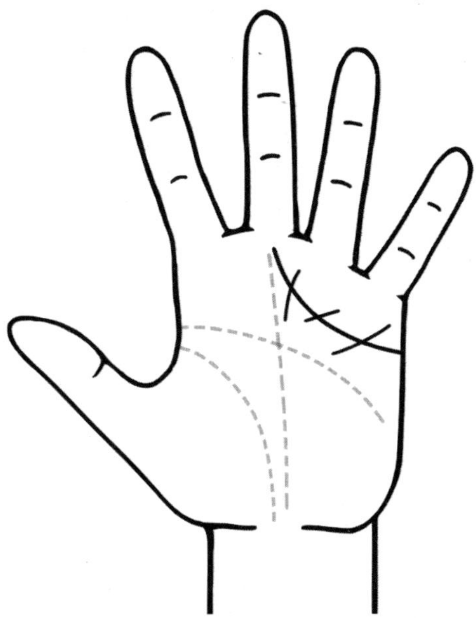

Revelam momentos de turbulência afetiva. Términos difíceis, amores mal resolvidos, conflitos emocionais. Mas também marcam os pontos de virada — aqueles em que a pessoa aprendeu, se fortaleceu e virou página.

- **Ilhas ao longo da linha**

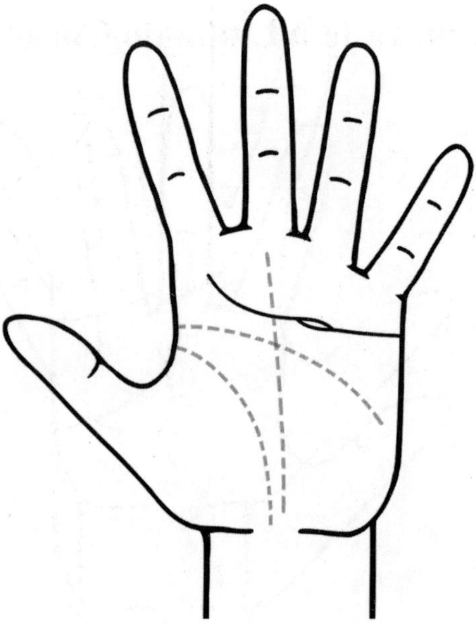

Mostram fases de confusão emocional, insegurança, sofrimento, ou relações que deixaram marcas dolorosas. São períodos em que o coração ficou à deriva, tentando encontrar direção. Também podem sinalizar padrões repetitivos de dor afetiva, que precisam ser olhados com carinho e consciência.

- **Rompimentos ou falhas na linha**

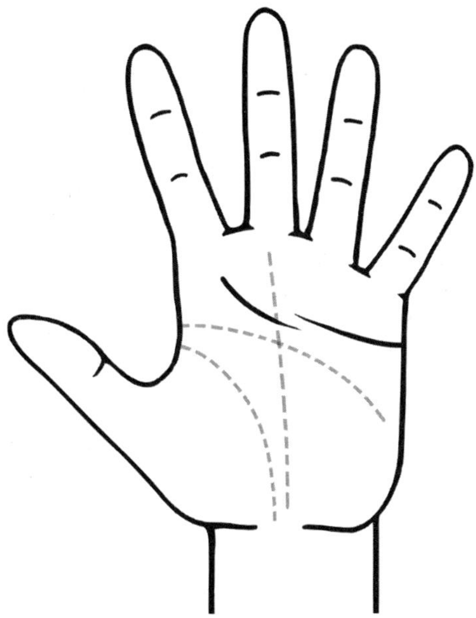

São momentos em que o amor mudou a pessoa para sempre. Podem representar traumas, perdas, separações ou grandes recomeços. São como cortes que dividiram a vida em antes e depois — e que, embora dolorosos, também abriram espaço para um novo jeito de amar.

Onde a linha termina:

- **No Monte de Apolo**

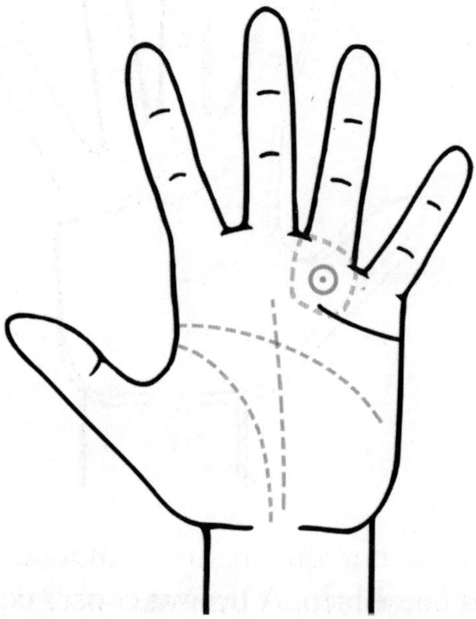

A pessoa busca um amor que encante, que inspire, que brilhe. Valoriza beleza, alegria, leveza e paixão nos relacionamentos. Ama o amor — e faz disso uma arte.

- **Entre os Montes de Saturno e Apolo**

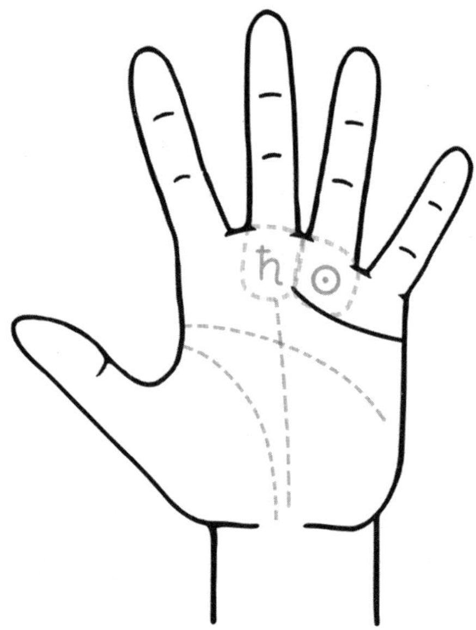

Aqui temos equilíbrio. A pessoa consegue conciliar razão e emoção, intensidade e estabilidade. Busca relações maduras, mas cheias de prazer. Ama com profundidade, mas não se perde no sentimento.

- **No Monte de Saturno**

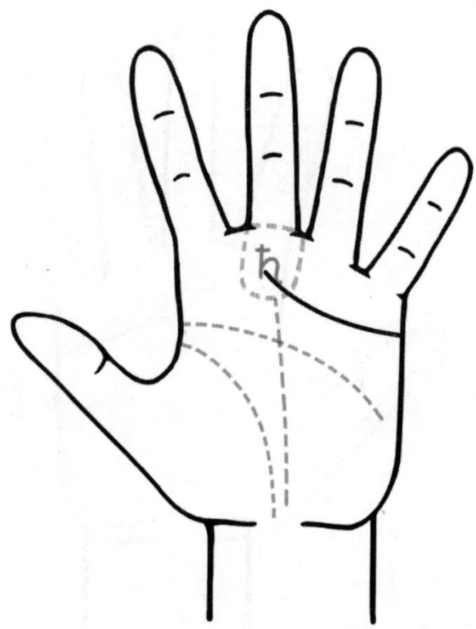

A pessoa é mais contida emocionalmente, mais seletiva. Valoriza relações duradouras, firmes e sólidas. Gosta de construir com base forte. Tem um coração maduro, que ama com responsabilidade.

• Entre os Montes de Saturno e Júpiter

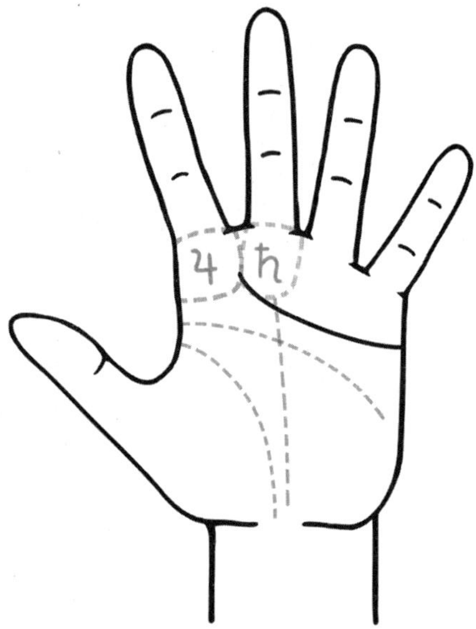

Uma pessoa que deseja um amor forte, verdadeiro e significativo. Busca relações que tenham propósito, onde haja crescimento mútuo e cumplicidade. Valoriza o compromisso, a liderança e o aprendizado no relacionamento. Tem um coração seguro, que ama com idealismo, mas também com firmeza.

• No Monte de Júpiter

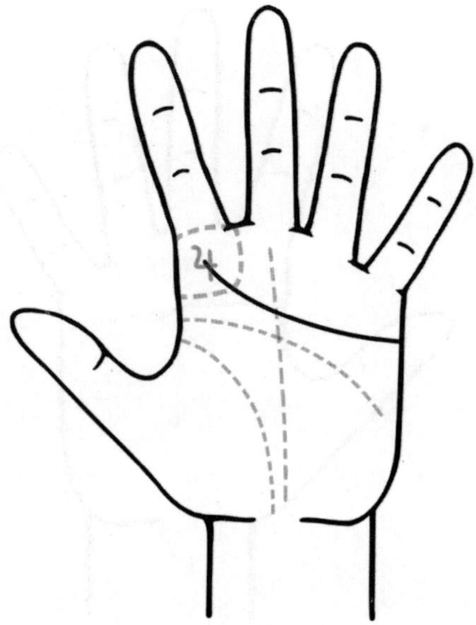

Mostra um idealismo afetivo. A pessoa deseja algo maior do que um relacionamento — ela quer uma união de almas, uma missão a dois. Ama com propósito e sonha com um amor que transforme.

- **Linha longa, sem fim definido**

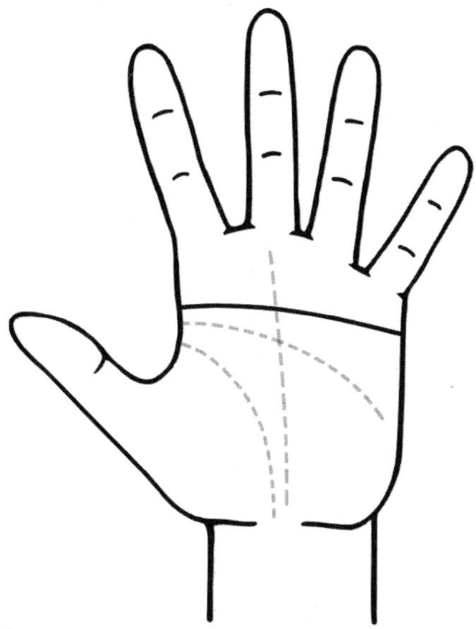

Essa pessoa não ama apenas alguém — ela ama o amor em si. Os sentimentos são intensos, vastos, contínuos. Vive os relacionamentos como jornadas de evolução. Nunca para de amar. Ama a vida, ama os encontros, ama as experiências. Está sempre buscando mais.

- **Linha do Coração ausente ou muito fraca**

Pode indicar bloqueios afetivos, traumas antigos, dificuldade de confiar no outro ou de acessar os próprios sentimentos. Mas também pode falar de alguém que ama de forma mais silenciosa, contida, cuidadosa — e que precisa de tempo, espaço e segurança para se abrir.

E quando a Linha do Coração se une com a da Vida e da Cabeça?

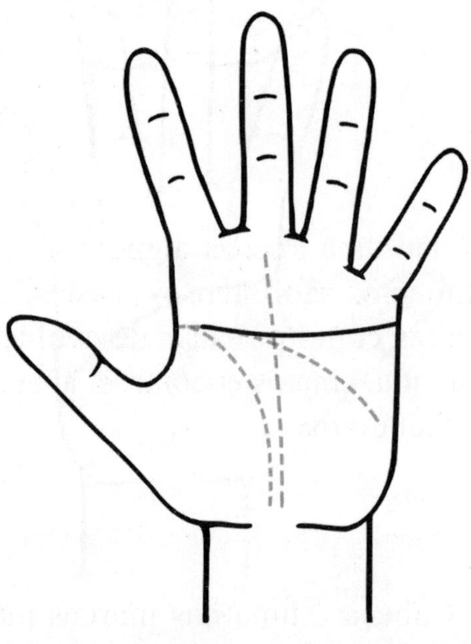

Essa junção rara mostra uma pessoa com um controle emocional fortíssimo. Ela sente, mas não se deixa dominar. É estratégica, disciplinada, centrada. Pode parecer fria à primeira vista, mas na verdade é alguém que pensa antes de sentir — e quando sente, é pra valer. Essa marca é de alguém que sabe onde pisa e que valoriza o equilíbrio entre emoção, razão e ação.

A Linha do Coração é onde mora sua história afetiva. É onde vivem os amores que passaram, os que ficaram e até os que ainda vão chegar. Ler essa linha é como abrir as portas do coração e entender melhor como ele pulsa — com todas as suas dores, seus encantos e sua imensa capacidade de amar.

A Linha da Cabeça ou da Mente (Elemento Ar) - A Estrada dos Pensamentos, Decisões e Sonhos

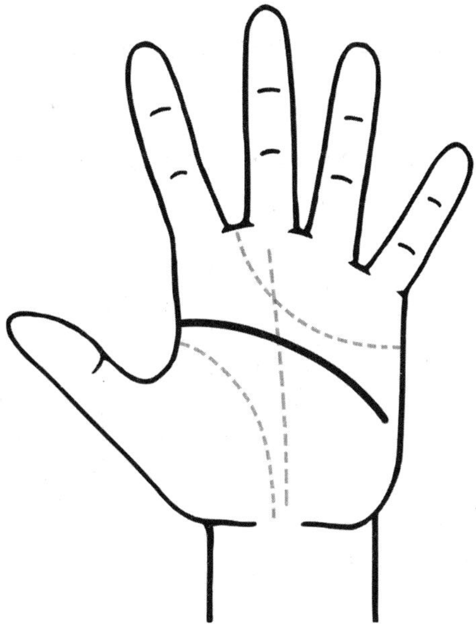

A Linha da Cabeça é uma das marcas mais importantes da quiromancia. Ela corta a palma da mão na horizontal, geralmente nascendo ali entre o polegar e o dedo indicador, bem perto da Linha da Vida. Ela é conhecida como a linha da mente — e não por acaso: é ela que revela como você pensa, raciocina, toma decisões e estrutura suas ideias ao longo da vida.

É nessa linha que a gente descobre se a pessoa é mais lógica ou intuitiva, se tem uma mente analítica ou uma mente criativa, se é pé no chão ou se vive com a cabeça nas nuvens. Ela também mostra como a pessoa reage diante de desafios mentais, como lida com o aprendizado, como comunica suas ideias e até como enxerga a vida.

Ligada ao elemento Ar, a Linha da Cabeça tem tudo a ver com movimento, com agilidade de pensamento, com a leveza e a liberdade que só o plano mental pode oferecer. Em outras palavras: ela é o voo da mente.

Onde a Linha da Cabeça começa:

- **Começando junto à Linha da Vida**

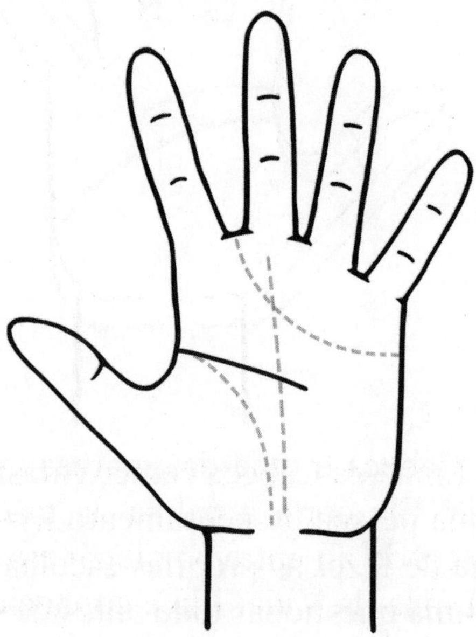

Quando a Linha da Cabeça nasce coladinha com a Linha da Vida, mostra uma pessoa que pensa com cautela e responsabilidade. Ela leva a vida a sério desde cedo, gosta de ter segurança antes de tomar decisões e costuma respeitar as orientações da família ou das tradições. É alguém que prefere não se arriscar sem ter certeza — uma mente cuidadosa e ponderada.

- **Começando separada da Linha da Vida**

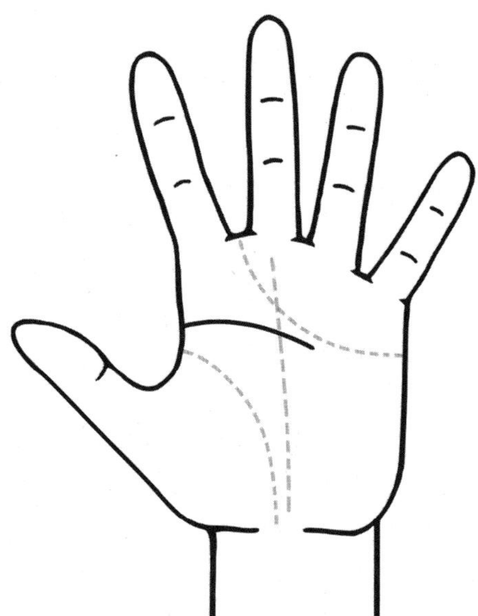

Já quando a Linha da Cabeça começa afastada da Linha da Vida, temos uma pessoa de pensamento livre e original. Alguém que gosta de fazer as próprias escolhas, não se prende a regras e costuma questionar tudo antes de seguir um caminho. Essa mente é ousada, criativa, inovadora — e não tem medo de pensar diferente.

Como ela aparece:

- **Linha clara e bem marcada**

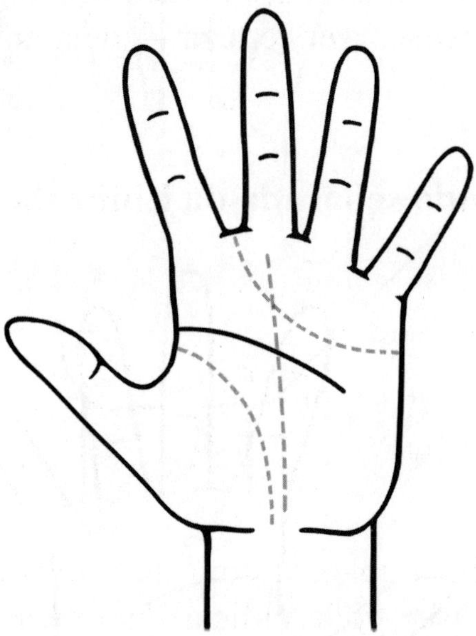

Quando a linha é nítida, profunda e contínua, isso indica uma mente segura, objetiva e com bom poder de concentração. A pessoa tem clareza de pensamento, raciocínio lógico e sabe colocar suas ideias em prática. Costuma ser disciplinada, focada e muito eficiente em tarefas mentais.

- **Linha fragmentada ou falhada**

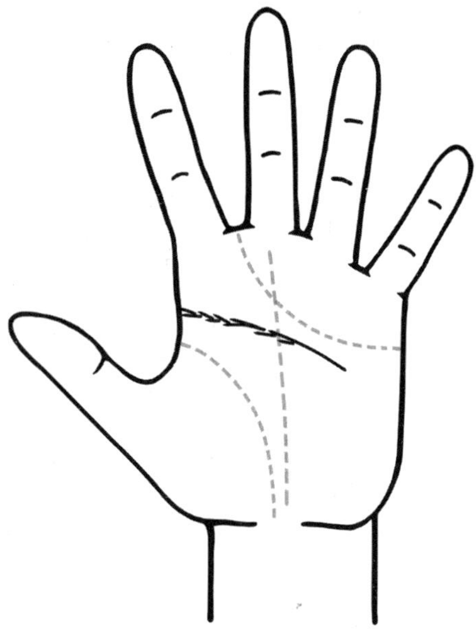

Quando a linha aparece com interrupções, tremores ou pouca nitidez, isso pode indicar uma mente mais sensível ou instável. Pode revelar uma pessoa que pensa demais, tem dúvidas frequentes, ou passa por períodos de ansiedade e dificuldade de concentração. Também pode representar fases da vida onde os pensamentos estão mais confusos, oscilantes ou sobrecarregados.

O formato da Linha da Cabeça:

- **Linha reta, que segue firme pelo centro da palma**

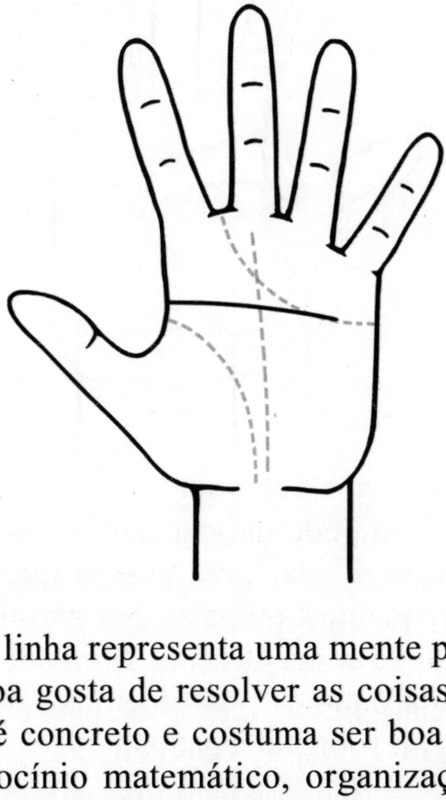

Esse tipo de linha representa uma mente prática, lógica, direta. A pessoa gosta de resolver as coisas com clareza, prefere o que é concreto e costuma ser boa em áreas que envolvem raciocínio matemático, organização e planejamento. Tudo o que é estruturado agrada essa mente — ela vê o mundo como algo a ser analisado, resolvido e dominado com objetividade.

- **Linha curvada em direção ao Monte da Lua**

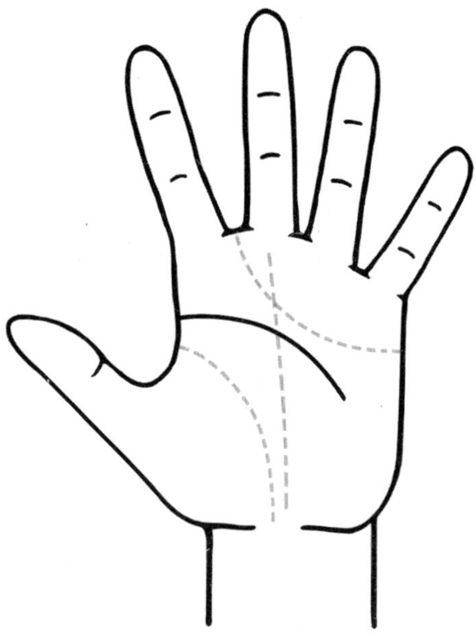

Aqui mora a mente mágica, imaginativa, cheia de fantasia e sensibilidade. A pessoa tem pensamentos mais introspectivos, artísticos, espirituais ou filosóficos. É alguém que vê o mundo com outros olhos — os olhos da alma. Costuma ter muita criatividade, facilidade para sonhar, escrever, criar, visualizar o invisível e se conectar com planos sutis da realidade. É a linha dos intuitivos, dos médiuns, dos visionários.

Marcas e sinais ao longo do caminho da linha

- **Linhas cruzando a Linha da Cabeça**

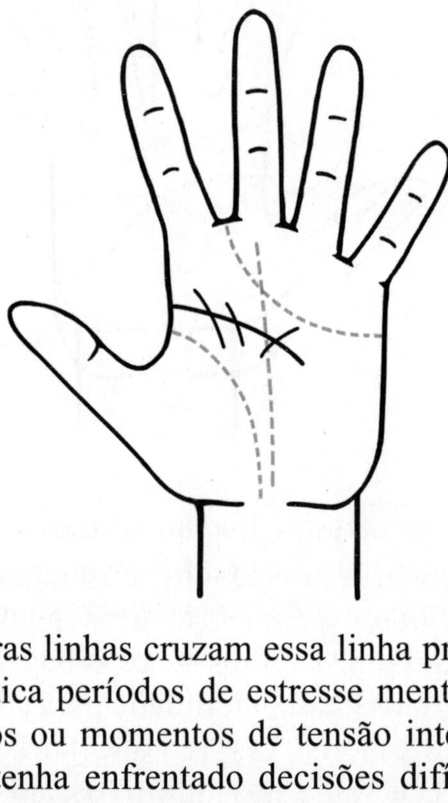

Quando outras linhas cruzam essa linha principal, geralmente isso indica períodos de estresse mental, sobrecarga de pensamentos ou momentos de tensão interna. Pode ser que a pessoa tenha enfrentado decisões difíceis, conflitos emocionais ou situações que exigiram muito da mente. São marcas que mostram um desafio, mas também um ponto de virada, onde a mente se fortalece.

- **Rompimentos na linha**

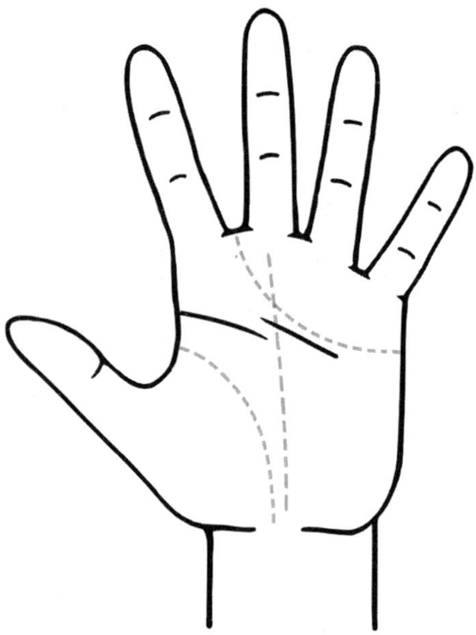

Quando há um corte ou quebra na Linha da Cabeça, isso revela uma mudança brusca na forma de pensar. Algo transformou aquela mente. Pode ter sido um trauma, uma grande perda, uma experiência espiritual profunda ou um acontecimento que virou tudo de cabeça pra baixo — e a partir dali, a forma da pessoa pensar mudou completamente. Muitas vezes, esses rompimentos abrem caminhos para um novo ciclo de consciência, mais maduro e profundo.

Onde a linha termina:

- **Finalizando no Monte da Lua**

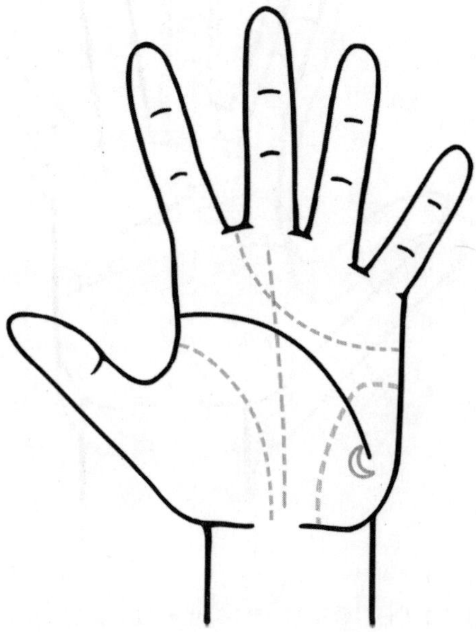

Essa pessoa tem uma mente voltada para o simbólico, para os sonhos, para a arte e para o invisível. Tende a buscar sentido naquilo que vive, se conecta com temas emocionais, espirituais ou criativos. É alguém que não se contenta com respostas rasas — quer entender as entrelinhas da vida.

- **Finalizando no Monte de Marte Positivo**

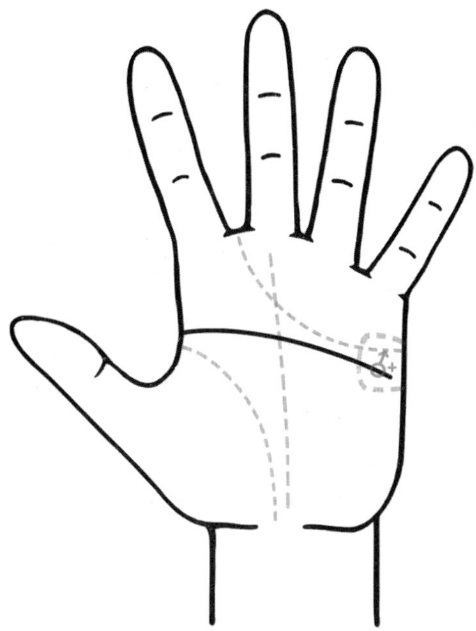

Aqui, temos uma mente forte, estratégica e determinada. A pessoa é resiliente, sabe resolver problemas com firmeza e não se deixa abalar com facilidade. É alguém que lida com pressão e continua firme, enfrentando as dificuldades com coragem e racionalidade. Sua mente é como um escudo: forte, estável e pronta pra batalha.

A Linha da Cabeça é como uma estrada que percorre os pensamentos, ideias, medos, certezas e dúvidas de uma alma em construção. Ela mostra como você raciocina, cria, analisa e se expressa no mundo. Entender essa linha é se entender por dentro — e perceber que a mente também é uma ferramenta mágica, capaz de abrir portas, transformar caminhos e até manifestar realidades.

A Linha do Destino (Elemento Fogo) – Onde Tudo Começa

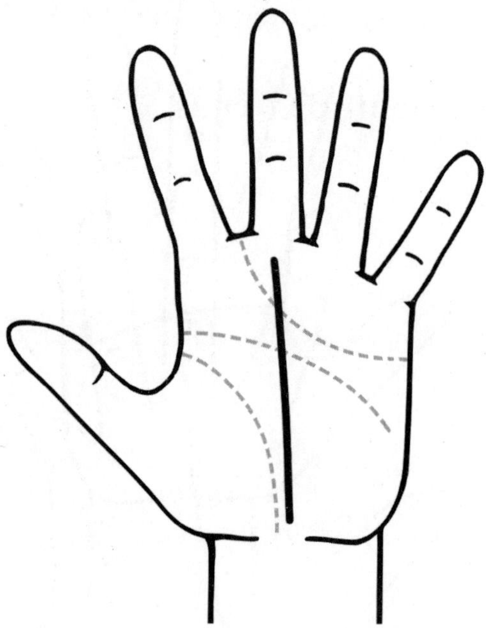

A Linha do Destino geralmente nasce ali perto do punho, bem no centro da palma, e sobe em direção ao Monte de Saturno, que fica logo abaixo do dedo médio. Essa linha é poderosa! Ela mostra o caminho da nossa missão, os eventos que marcam nossa vida e como nos conectamos com aquilo que realmente viemos fazer aqui no mundo. É como se ela fosse o fio invisível que nos guia em direção ao nosso propósito — tanto na vida profissional quanto no despertar da nossa alma.

Ligada ao elemento Fogo, essa linha carrega a energia da transformação, da paixão e da direção. E como tudo que tem fogo, ela pode aquecer, iluminar e até impulsionar mudanças incríveis. Quando a gente entende a Linha do Destino, a gente entende mais sobre onde está indo e o porquê de certas coisas acontecerem ao longo da jornada.

Agora, o mais interessante é perceber onde essa linha começa. O ponto de partida dela revela muito sobre como essa trajetória se constrói — e aqui vai um segredinho: cada começo conta uma história diferente. Dá uma olhada:

- **Início no Monte de Vênus**

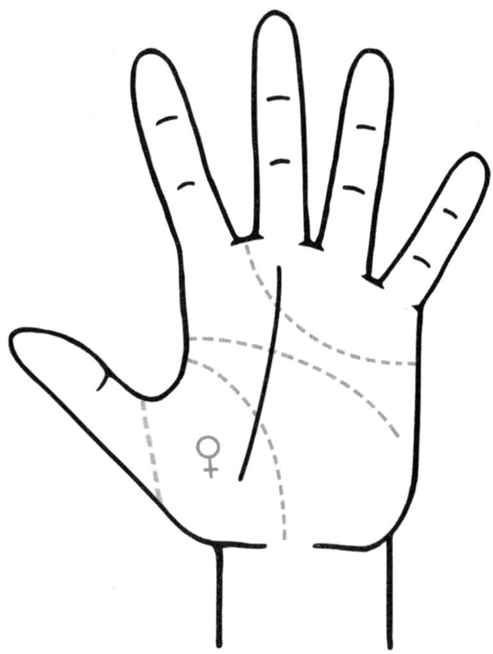

Se a sua Linha do Destino nasce ali, no Monte de Vênus (aquele bem carnudinho perto do dedão), isso mostra que a sua história está muito ligada à sua família. Pode ser que você tenha seguido um caminho profissional influenciado pelos seus pais, ou que tenha encontrado segurança em tradições, estruturas familiares ou valores passados de geração em geração. Aqui, a pessoa busca estabilidade desde cedo, e gosta de construir com base firme.

- **Início entre o Monte da Lua e o Monte de Vênus**

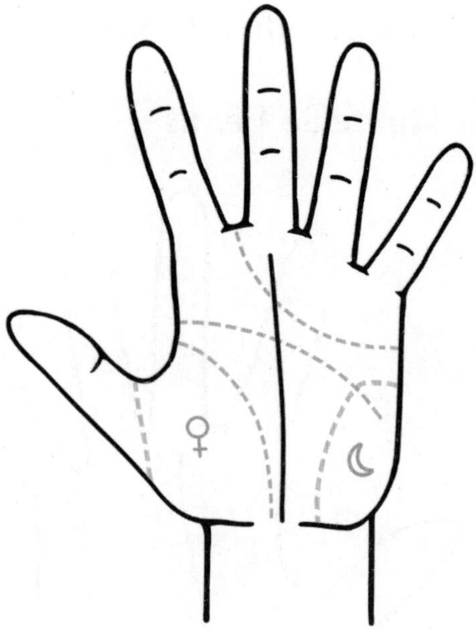

Aqui temos uma mistura linda entre o mundo interno e o externo. A pessoa equilibra responsabilidade com sensibilidade, intuição com pé no chão. É alguém que se adapta com mais facilidade, consegue ouvir sua voz interior sem deixar de cumprir com suas obrigações. Esse início traz uma energia mais harmônica e fluida, como quem constrói a carreira respeitando tanto os sonhos quanto as necessidades do mundo real.

• Início no Monte da Lua

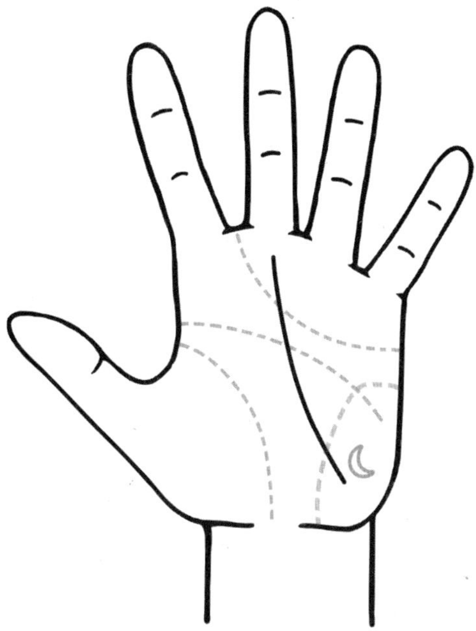

Ahhh... esse é o início dos sonhadores, dos artistas, dos intuitivos, dos que ouvem a alma antes de tudo. Quando a Linha do Destino começa no Monte da Lua (lado oposto do dedão, mais perto da borda da mão), a pessoa traz uma força muito conectada aos sonhos, à imaginação e ao universo invisível. Costuma ser alguém que transforma inspiração em profissão — seja na arte, na espiritualidade, na escrita, nas terapias ou em qualquer coisa que envolva sensibilidade. É uma caminhada mais fluida, criativa e nada tradicional. Uma jornada guiada pelas estrelas!

- **Início mais acima, longe do punho**

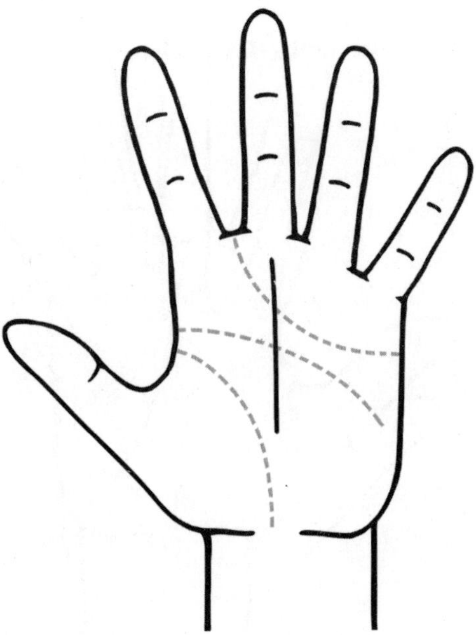

Quando a linha começa mais pra cima da mão, como se ela demorasse pra aparecer, significa que o propósito de vida vai se revelar mais tarde. Geralmente por volta dos 30, 40 anos, a pessoa finalmente encontra aquele "clique" do que veio fazer aqui. Antes disso, pode viver muitas fases de experimentação, mudanças, testes... e tá tudo certo! Algumas almas precisam experimentar bastante até encontrar o que realmente faz o coração bater mais forte.

A origem da Linha do Destino é como a abertura de um livro encantado — ela revela o começo da nossa missão e a forma como vamos construindo nosso caminho. E cada mão carrega uma história única, cheia de sinais do universo sobre quem somos e pra onde estamos indo.

Como ela aparece:

- **Linha fraca ou fragmentada**

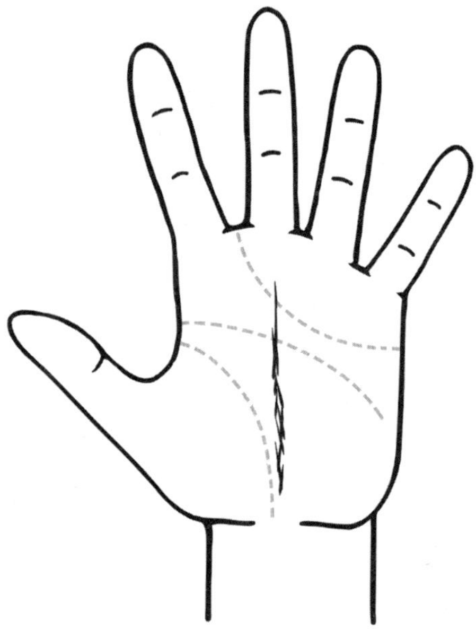

Quando essa linha aparece mais apagada, fina ou até meio quebradiça, pode indicar que a pessoa está vivendo momentos de dúvida, incerteza ou ainda não encontrou sua verdadeira direção. Pode ser alguém que muda muito de área, que sente que ainda não achou seu lugar no mundo ou que vai se deixando levar pelas oportunidades da vida, sem um plano muito claro. Mas isso não é algo negativo! Muitas vezes, uma linha fraca mostra também alguém que é adaptável, aberto a mudanças e que prefere viver o presente, sem se prender a um destino fixo.

• **Linha clara e bem marcada**

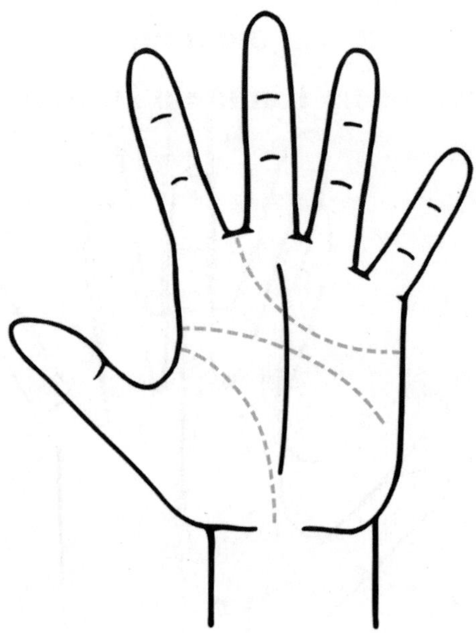

Quando a linha está forte, reta e profunda, mostra uma pessoa que tem um senso de propósito muito definido. Ela sabe o que quer, tem clareza de onde quer chegar e geralmente segue com bastante foco e determinação. É alguém que leva a vida com firmeza, tanto nos planos profissionais quanto pessoais. A linha marcada mostra uma trajetória sólida, uma alma que veio com missão clara e que se compromete com seus sonhos.

Marcas e sinais ao longo do caminho da linha:

- **Rompimentos na Linha do Destino**

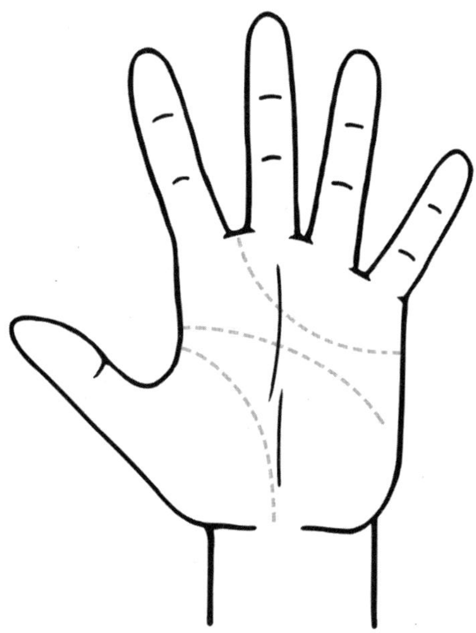

Se essa linha apresenta cortes, interrupções ou quebras, isso indica que a pessoa passou — ou vai passar — por grandes transformações no caminho. Pode ser um recomeço, uma ruptura com o passado, uma virada de chave. São momentos que trazem desafios, mas também muita força, porque quem se reinventa mostra que tem coragem. E o mais bonito é que muitas vezes a linha se forma novamente depois do rompimento, mostrando a capacidade de reconstrução e renascimento.

• Ilhas na Linha do Destino

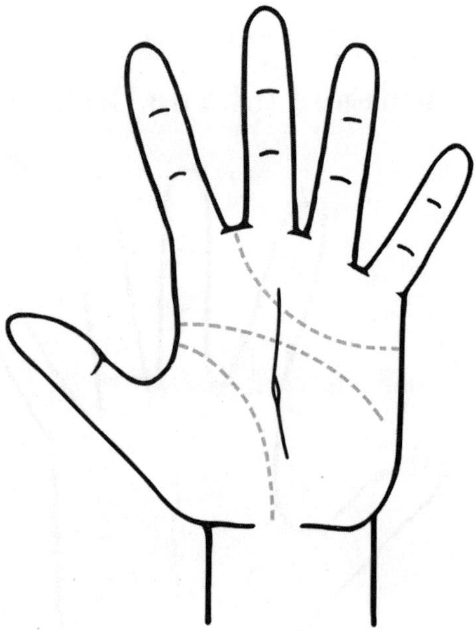

As ilhas são pequenos círculos ou bolhas que aparecem dentro da linha, e indicam fases de bloqueio, confusão ou estagnação. É como se a pessoa estivesse presa em uma fase, sem conseguir avançar. Pode ser um momento de desânimo, ou até de grande introspecção, onde é preciso olhar pra dentro, repensar a vida e reencontrar a força interior. Apesar de parecer negativo, essas fases podem trazer aprendizados muito profundos e preparar a pessoa para uma nova etapa mais madura.

Onde a linha termina:

- **Quando a linha termina na Linha da Cabeça**

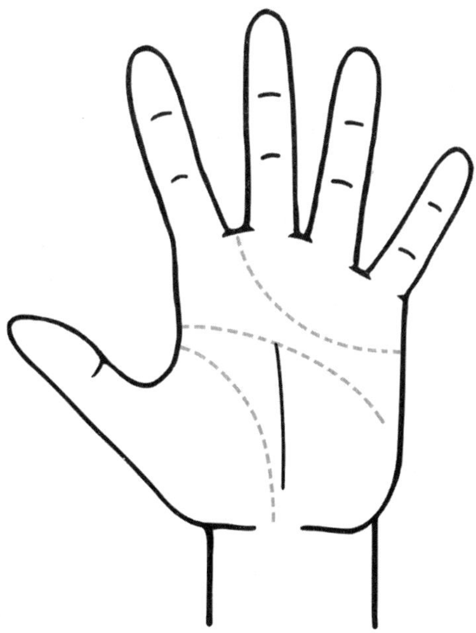

Esse tipo de final indica que a pessoa pode viver uma fase da vida com bastante esforço intelectual ou físico e, por isso, pode optar por uma aposentadoria mais cedo ou até por uma mudança de rumo bem significativa. É comum em pessoas que trabalham em áreas exigentes, como médicos, executivos ou profissionais que lidam com pressão constante. A energia aqui fala de alguém que se dedica muito por um tempo, mas que em algum momento sente a necessidade de pausar, respirar e buscar uma vida mais leve.

• Quando termina na Linha do Coração

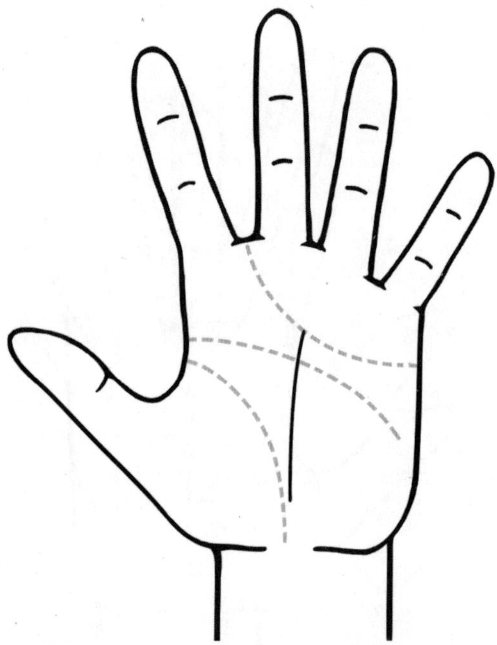

Aqui, temos alguém que costuma manter uma vida profissional estável e duradoura, geralmente encerrando esse ciclo por volta dos 60 anos. Esse tipo de final costuma aparecer em quem trabalha com o coração: terapeutas, professores, cuidadores, profissionais que criam vínculos afetivos com o que fazem. Muitas vezes, a pessoa encerra sua carreira quando sente que já contribuiu o suficiente ou quando decide se dedicar mais à família e à vida emocional.

- **Quando ultrapassa a Linha do Coração e segue adiante**

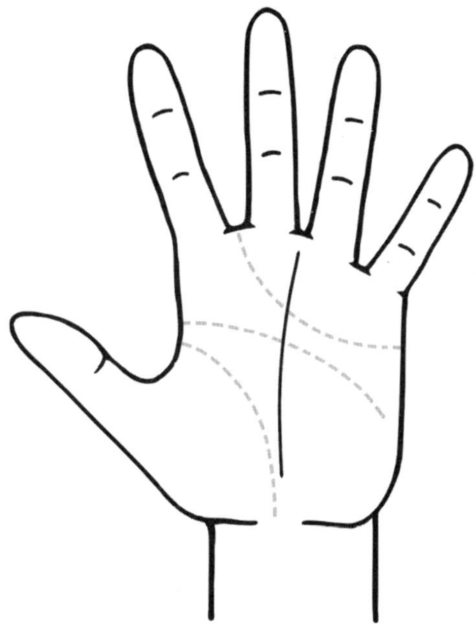

Essa pessoa simplesmente nasceu pra continuar trabalhando — e não por obrigação, mas por amor ao que faz. São aquelas almas apaixonadas pelo que fazem, que encontram no trabalho uma forma de expressar sua essência. Costuma acontecer com artistas, escritores, líderes espirituais ou pesquisadores, que seguem na ativa mesmo com a idade avançada, porque aquilo faz parte de quem eles são. Aqui, o trabalho é missão, é vocação, é parte do brilho da alma.

A Linha do Destino nos ensina que cada pessoa tem uma relação única com seu caminho. Ela não fala só de carreira, mas da forma como você se entrega ao que faz e do quanto aquilo está alinhado com sua essência.

Conclusão

As linhas das mãos são como pequenos mapas da nossa vida, mostrando quem somos e para onde estamos indo. Cada curva, cada traço, cada cruzamento conta uma história única, revelando os caminhos que já percorremos e os que ainda podemos escolher. Quando olhamos para essas linhas e as conectamos com o que somos por dentro, percebemos que elas não são só marcas, mas guias que nos ajudam a entender nossas escolhas. Assim como um mapa, elas nos mostram várias possibilidades, mas o destino final depende de nós: das nossas ações, sonhos e decisões. E o mais interessante é que essas linhas estão sempre mudando, de acordo com as escolhas e atitudes que tomamos ao longo da vida. Interpretar as linhas das mãos é uma maneira de tomar as rédeas da nossa própria jornada e caminhar com mais propósito, sabedoria e confiança no caminho que decidimos trilhar.

O tempo nas linhas principais

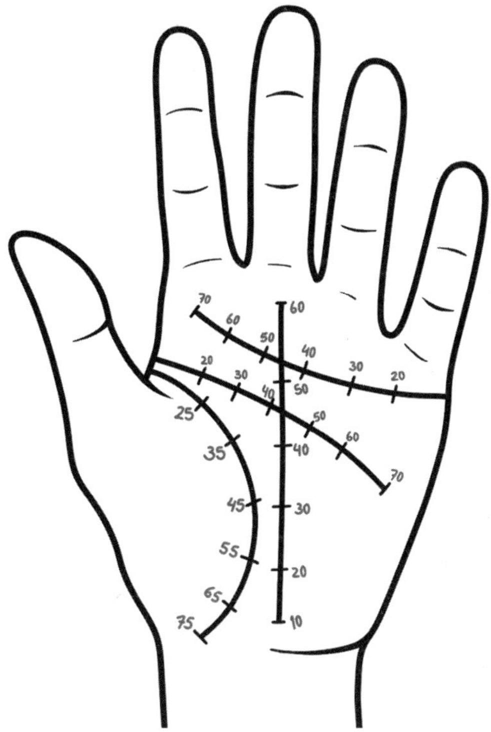

Na quiromancia, a contagem de tempo é um tema que gera muitas dúvidas — e não existe uma regra exata ou universal. Diferente de outros oráculos, em que datas e períodos podem ser marcados com mais rigidez, na leitura das mãos tudo depende da forma, do ritmo e da energia que a mão transmite.

Gosto de dizer que o tempo na quiromancia é mais intuitivo do que exato. Eu prefiro fazer essa contagem a olho nu, sentindo a mão, observando os detalhes das linhas com calma, quase como se elas sussurrassem segredos ao meu ouvido. Com os anos de estudo e prática, fui desenvolvendo minha própria percepção do tempo nas mãos, algo que se afinou com a observação e com a escuta profunda do que a mão quer contar.

Deixo aqui uma imagem de referência que criei com base nos meus estudos e experiências. Ela serve como um guia aproximado de como interpreto o tempo na Linha da Vida e em outras linhas principais — mas lembre-se, cada mão é única, e a melhor forma de aprender é se permitir sentir, observar e se conectar com cada história que a pele carrega.

Capítulo 11

As Linhas Secundárias na Quiromancia

As linhas secundárias complementam as principais, revelando detalhes sutis sobre áreas específicas da vida, como saúde, criatividade, relacionamentos e espiritualidade. Elas adicionam camadas de profundidade à leitura, oferecendo uma visão mais completa e personalizada.

Além das linhas secundárias comumente exploradas, como a Linha do Sol, Linha da Saúde e Linha do Casamento, há outras linhas que desempenham papéis importantes na quiromancia. Neste capítulo, vamos detalhar mais oito linhas adicionais: Linha de Mercúrio, Linha de Apolo, Linha de Marte, Anel de Salomão, Cinturão de Vênus, Braceletes de Netuno, Stigmata Medicinal e Linhas de Casamento.

A Linha de Mercúrio

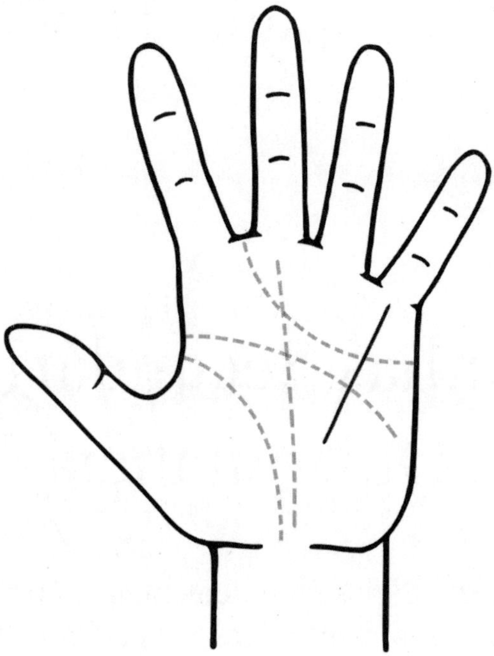

A Linha de Mercúrio, que muita gente chama de "linha do escritor", aparece geralmente partindo lá de baixo da mão, perto do punho, e sobe em direção ao dedinho, bem ali no Monte de Mercúrio. Ela está ligada à nossa capacidade de se comunicar, pensar rápido, criar coisas e também à saúde.

Quando essa linha é bem visível e marcada, mostra uma pessoa que tem o dom da palavra, seja escrita ou falada. É alguém que tem facilidade pra ensinar, vender, conversar, escrever ou até mesmo criar coisas novas com inteligência e agilidade. É uma linha muito comum em quem trabalha com comunicação, ciência, comércio ou qualquer profissão que envolva ideias e expressão.

Agora, se essa linha estiver mais fraca, quebrada ou com "ilhas" no meio, pode ser sinal de fases de cansaço mental, dificuldade de concentração ou até momentos em que a pessoa sente que está meio travada pra se expressar. Nada definitivo, mas um sinal pra cuidar da mente, do corpo e buscar equilíbrio.

Em resumo: é uma linha que fala muito sobre como a gente se coloca no mundo, como usamos nossa voz e nossas ideias.

A Linha do Sol

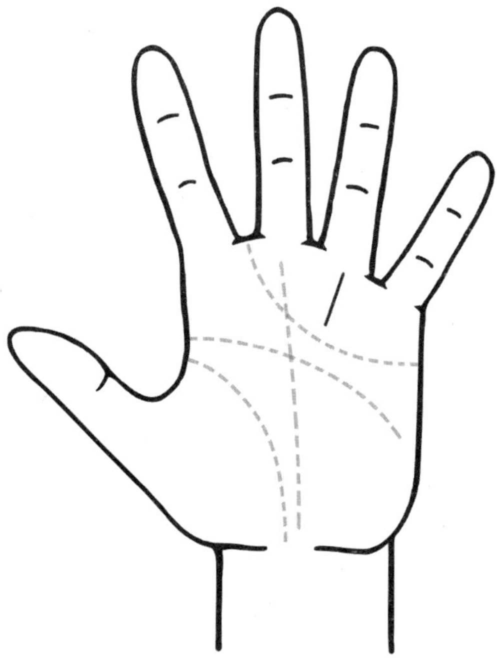

Linha do Sol – ou Linha do Brilho Pessoal, como gosto de chamar – é aquela que nasce no Monte de Apolo, logo abaixo do dedo anelar. Quando ela aparece na mão, é como se a pessoa carregasse uma luz própria, um magnetismo natural que chama atenção. É uma linha que fala sobre brilho, reconhecimento, sucesso e sorte, principalmente quando a gente está sendo verdadeiro com quem é e expressando nossos dons com criatividade.

Essa linha mostra que existe ali um caminho de prosperidade e destaque, principalmente quando se coloca o coração no que faz. Quem tem a Linha do Sol bem marcada costuma ter uma energia inspiradora, que ilumina os outros e também atrai oportunidades. É como um holofote natural apontado para o que a pessoa tem de mais único e encantador.

A Linha de Marte

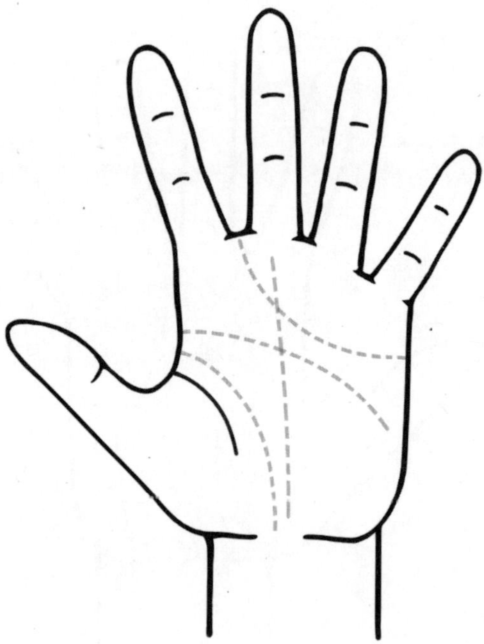

A Linha de Marte é uma linha que aparece paralela à Linha da Vida, como se fosse uma força extra protegendo a gente. Ela nasce entre os dois Montes de Marte – o Positivo (mais perto do polegar) e o Negativo (do lado oposto da palma), e funciona como um verdadeiro escudo energético.

Quando essa linha está presente, mostra uma pessoa com muita garra, coragem e uma força interior gigante pra enfrentar o que for preciso. É como se ela dissesse: "eu aguento o tranco". Serve como um apoio pra Linha da Vida, reforçando a energia vital e a capacidade de se manter firme, mesmo nos momentos mais difíceis.

Se estiver bem marcadinha e clara, indica alguém que não desiste fácil e tem um espírito guerreiro. Já quando a linha é fraca ou nem aparece, pode mostrar uma fase de fragilidade ou dificuldade pra lidar com conflitos e pressões externas.

E se ela cruza outras linhas no caminho, pode revelar momentos de superação, conflitos importantes ou decisões que exigiram muita força emocional.

Resumindo: a Linha de Marte é tipo uma armadura invisível que mostra o quanto você é forte por dentro.

O Anel de Salomão

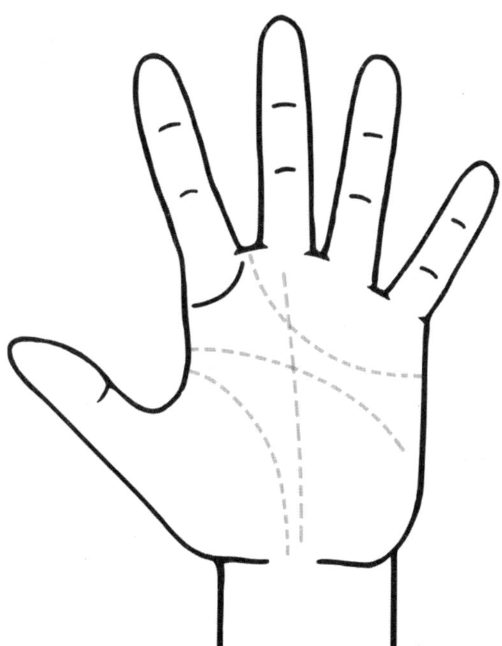

O Anel de Salomão é uma linha que forma um semicírculo na base do dedo indicador, bem ali no Monte de Júpiter.

Quando ele aparece, é sinal de uma pessoa com uma sabedoria natural, que tem uma conexão forte com o espiritual e costuma ter uma intuição afiada.

Essa marca é muito comum em quem se interessa por temas esotéricos, filosofia, magia ou tem uma sensibilidade especial pra entender as pessoas e o mundo invisível. É como se a pessoa tivesse um dom pra enxergar além do óbvio. Inclusive, essa linha também é vista como uma marca de poderes mediúnicos — indicando alguém com facilidade pra captar energias, mensagens sutis e sinais do universo.

Mas atenção: muita gente confunde o Anel de Salomão com a marca da própria falange do dedo indicador — por isso é importante observar se a linha realmente forma um arco separado e independente da articulação do dedo.

Quando o anel está completo e bem marcado, mostra alguém com empatia, maturidade espiritual e uma sabedoria que parece vir de outras vidas. Agora, se ele estiver fragmentado ou incompleto, é sinal de que o potencial está lá, mas talvez a pessoa ainda esteja aprendendo a confiar mais na sua intuição e acessar esse conhecimento interno com mais clareza.

Quem carrega o Anel de Salomão tem uma alma sábia, uma conexão linda com o divino e um pezinho no mundo espiritual — só não vale confundir com a dobrinha do dedo!

Cinturão de Vênus

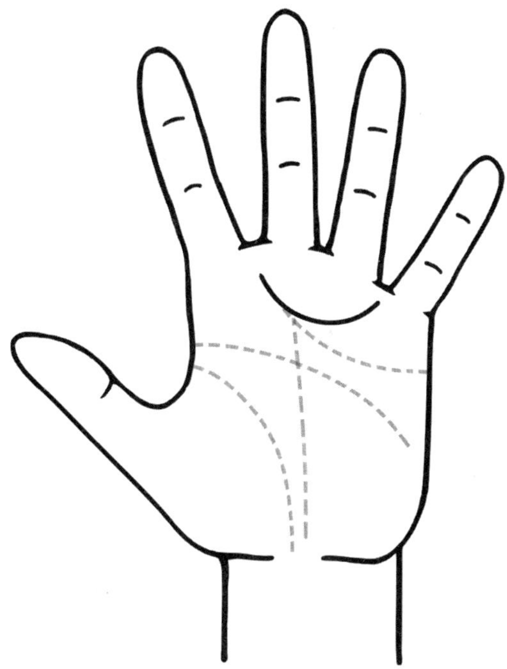

O Cinturão de Vênus é uma linha que forma um arco na base dos dedos médio e anelar, entre o Monte de Saturno e o Monte de Apolo. É uma linha delicada, que nem todo mundo tem, e carrega uma energia intensa ligada às emoções, à sensualidade e à criatividade.

Eu costumo chamá-la carinhosamente de Linha das Filhas de Afrodite — ou, em momentos mais descontraídos, de Linha da Biscate (no melhor sentido possível!). Isso porque quem tem essa linha costuma viver as emoções de forma profunda, intensa e muitas vezes passional. É alguém que ama com o corpo, com a alma e com o drama todo incluso!

Quando o arco está claro e bem desenhado, mostra uma pessoa com uma forte conexão com a arte, com a beleza e com os relacionamentos. É comum em quem tem uma alma sensível, criativa e com um certo magnetismo afetivo. Já quando a linha é fragmentada ou fraquinha, pode indicar dificuldade pra equilibrar essa intensidade toda, trazendo fases de instabilidade emocional ou dúvidas nos relacionamentos.

Se o Cinturão de Vênus cruza outras linhas, isso pode mostrar momentos de conflitos emocionais, transições difíceis ou fases em que o coração está mais bagunçado do que o normal.

Ter essa linha é como carregar um pouco da essência de Afrodite na palma da mão — sensível, encantadora e cheia de sentimentos borbulhando por dentro.

Os Braceletes de Netuno

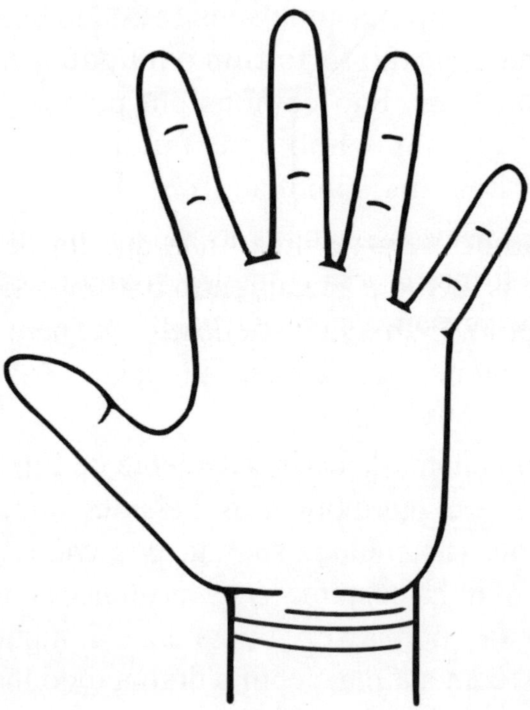

Os Braceletes de Netuno, também conhecidos como Braceletes de Rascette, são aquelas linhas horizontais que aparecem logo na base da palma, bem na região do pulso. Eles funcionam como uma espécie de fundação da mão — e trazem mensagens importantes sobre a saúde, a energia vital e até a espiritualidade da pessoa.

Quando a pessoa tem três linhas bem definidas, contínuas e claras, é sinal de equilíbrio, vitalidade e uma boa perspectiva de longevidade. Mostra alguém com uma base firme tanto no físico quanto no emocional.

Se essas linhas aparecem fragmentadas, apagadas ou muito irregulares, pode ser um indicativo de desafios em alguma dessas áreas, principalmente relacionados à energia, saúde ou à estabilidade emocional.

E quando surgem linhas extras, além das três principais, isso pode apontar uma sensibilidade espiritual mais elevada, uma conexão forte com o mundo intuitivo e com práticas esotéricas. São comuns em pessoas que sentem demais, que captam o ambiente, ou que já vêm com uma missão espiritual mais marcada.

Esses braceletes são como as raízes da nossa energia: quanto mais firmes e bem cuidados, mais sustentação temos pra viver com presença e consciência.

Stigmata Medicinal

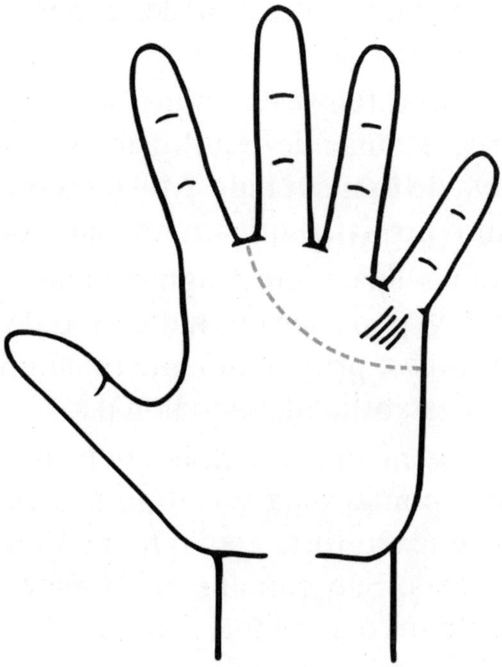

O Stigmata Medicinal são pequenas linhas verticais que aparecem no Monte de Mercúrio, bem abaixo do dedo mínimo. Não são muito longas e, às vezes, passam despercebidas, mas carregam um significado muito especial: elas indicam a presença de um dom de cura.

Quando bem visíveis, essas linhas mostram uma pessoa que tem uma sensibilidade especial pra cuidar dos outros, acolher, ouvir, orientar e, de alguma forma, transformar a dor em alívio. Pode ser alguém com vocação pra áreas da saúde, terapias, espiritualidade ou até mesmo pra aquele cuidado afetivo que não se aprende em curso nenhum — é algo que vem da alma.

Pessoas com esse estigma costumam ser procuradas naturalmente por amigos e familiares quando estão passando por momentos difíceis. É aquela pessoa que tem um conselho que acalma, um toque que conforta, uma palavra que cura.

Se essas linhas não aparecem, não significa que a pessoa não tenha compaixão ou sensibilidade, apenas que talvez a energia da cura não seja um caminho tão evidente ou tão presente na missão principal dela.

Linhas do Casamento (ou Linhas de União)

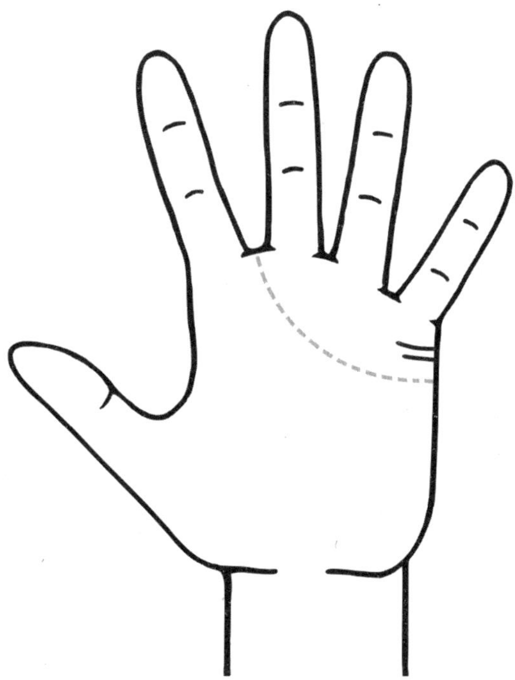

Essas linhas ficam localizadas na lateral externa da mão, abaixo do dedo mínimo, bem no Monte de Mercúrio. São linhas horizontais, geralmente curtas, mas que carregam grandes significados. Apesar do nome, elas não falam apenas de casamentos formais, e sim de todos os relacionamentos que marcam o coração da pessoa de alguma forma.

Quando vemos uma linha clara, reta e bem definida, é sinal de um relacionamento profundo, estável e significativo, que pode ter durado muitos anos ou simplesmente ter deixado uma marca inesquecível na vida da pessoa. Já quando a linha aparece fragmentada, com cortes ou ondulações, pode revelar momentos de instabilidade emocional dentro do relacionamento, términos dolorosos ou relações conturbadas.

Se aparecem várias linhas curtinhas, é comum que a pessoa tenha vivido diferentes histórias amorosas, todas importantes à sua maneira — mesmo que não tenham se transformado em algo duradouro. Essas linhas mostram como cada amor vivido deixou ali uma lembrança na palma da mão.

E vale lembrar: as Linhas do Casamento também falam sobre os aprendizados afetivos que a pessoa leva para a vida. Às vezes, uma única linha representa mais de uma relação, especialmente se foram vividas com a mesma intensidade emocional. Outras vezes, um relacionamento profundo que durou pouco tempo pode ter uma linha forte e visível, justamente por ter mexido demais com a alma da pessoa.

Linhas dos Filhos

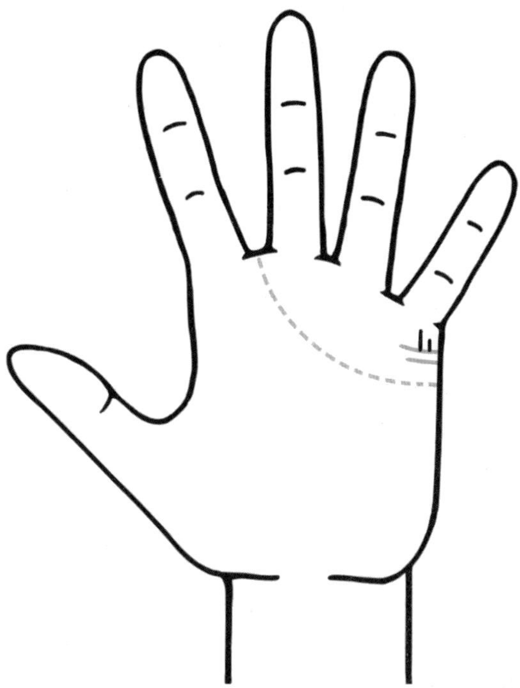

As Linhas dos Filhos aparecem logo acima das Linhas do Casamento, também na borda externa da mão, abaixo do dedo mínimo. São linhas bem finas e verticais, geralmente delicadas, e estão ligadas ao vínculo com crianças — mas não apenas filhos biológicos.

Tradicionalmente, cada linha representa um filho. Porém, na leitura mais moderna e sensível da quiromancia, entendemos que essas marcas falam de muito mais do que números. Elas mostram conexões afetivas profundas com crianças, sejam elas filhos de sangue, adotivos, filhos do coração, sobrinhos criados como filhos, enteados ou até mesmo animais de estimação que ocupam esse lugar afetivo tão especial na vida da pessoa.

Se a linha é bem marcada, vertical e reta, representa um laço forte e saudável com essa criança (ou serzinho amado). Linhas mais finas ou inclinadas podem indicar uma criança mais sensível, desafios na criação, ou até um afastamento emocional. Linhas curvas ou tortas, às vezes, mostram que aquele filho — seja biológico ou simbólico — seguirá um caminho muito próprio, distante da figura familiar tradicional.

Também pode acontecer de essas linhas revelarem um desejo profundo de cuidar, proteger e se responsabilizar por alguém. Mesmo que a pessoa nunca tenha tido filhos, essas marcas mostram que existe nela uma energia materna ou paterna forte, que pode ser direcionada para crianças, animais ou até projetos que ela cuida como se fossem filhos.

Ter essas linhas é como ter impressa na palma da mão a capacidade de amar e cuidar de forma generosa, muitas vezes incondicional. E é lindo ver como elas se manifestam de tantas formas diferentes — todas válidas, todas cheias de significado.

Capítulo 12

A Interpretação dos Dedos e Seus Tamanhos

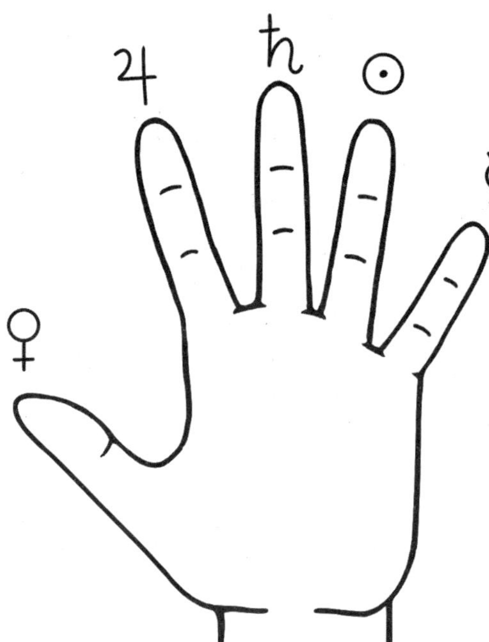

Na quiromancia, a análise dos dedos é fundamental para compreender traços profundos da personalidade e do comportamento de uma pessoa. Cada dedo representa um planeta, um monte e uma energia específica, e suas proporções, tamanhos e inclinações podem revelar características predominantes, talentos ocultos e desafios pessoais.

Além do tamanho dos dedos, aspectos como inclinação, alinhamento e posição em relação aos outros dedos também são fatores essenciais na leitura quiromântica. Vamos explorar como essas características influenciam a interpretação.

O Dedo de Júpiter (Indicador)

Significado Geral

Representa ambição, liderança, confiança e espiritualidade. Está associado ao Monte de Júpiter, que simboliza o desejo de crescimento e poder.

Interpretação pelo Tamanho:

- **Maior que o Dedo de Apolo:**

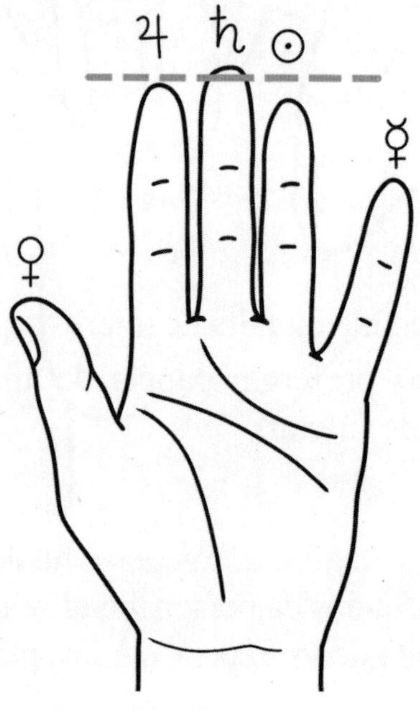

- Indica uma pessoa ambiciosa, confiante e com habilidades naturais de liderança.
- Personalidades com esse traço buscam posições de comando e podem ter grande influência social.

- **Menor que o Dedo de Apolo:**

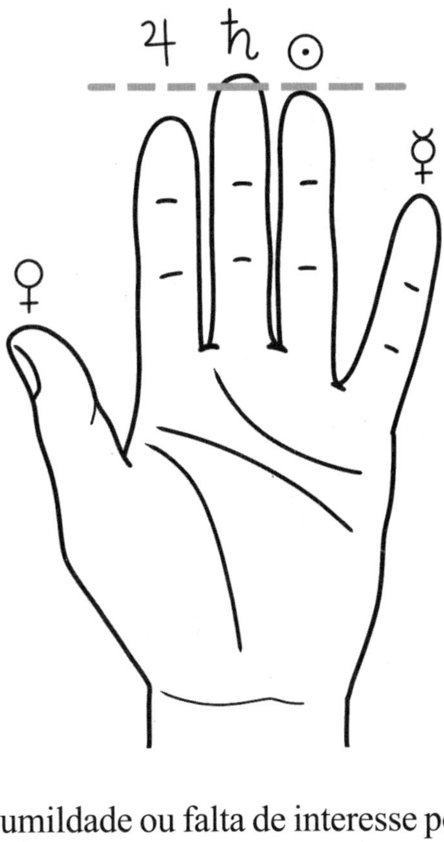

- Reflete humildade ou falta de interesse por poder e status.
- Essas pessoas preferem papéis de apoio ou colaboração, em vez de liderar.

- **Igual ao Dedo de Apolo:**

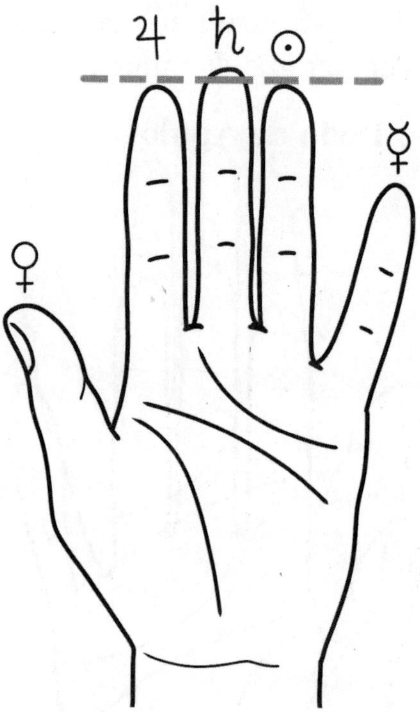

- Sugere equilíbrio entre ambição e criatividade. A pessoa tem confiança para liderar, mas também valoriza a expressão pessoal.

Inclinação:

- **Inclinado para o Dedo Médio (Saturno):**

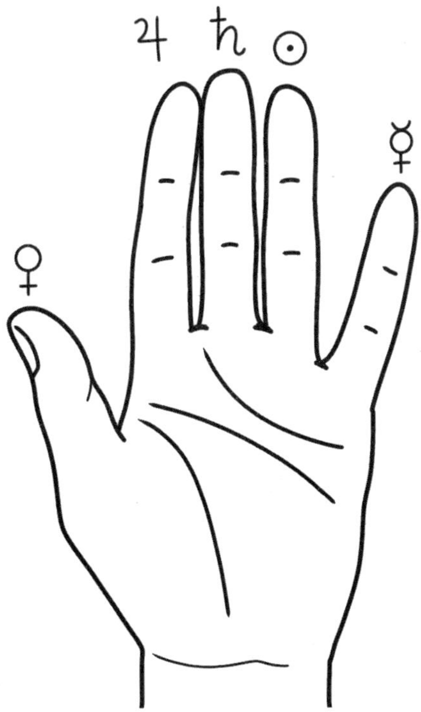

- Reflete uma personalidade que busca aprovação ou reconhecimento por meio do trabalho árduo.

- **Inclinado para o Polegar:**

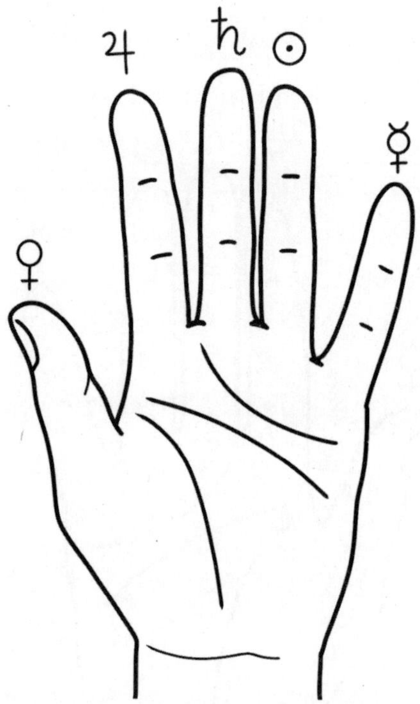

- Indica alguém que prioriza seus próprios valores e metas pessoais, frequentemente guiado pela intuição.

O Dedo de Saturno (Médio) Significado Geral

Está associado à responsabilidade, à disciplina, ao equilíbrio e à introspecção. É o dedo mais longo da mão, representando a conexão entre o material e o espiritual.

Interpretação pelo Tamanho:

- **Excessivamente Longo:**

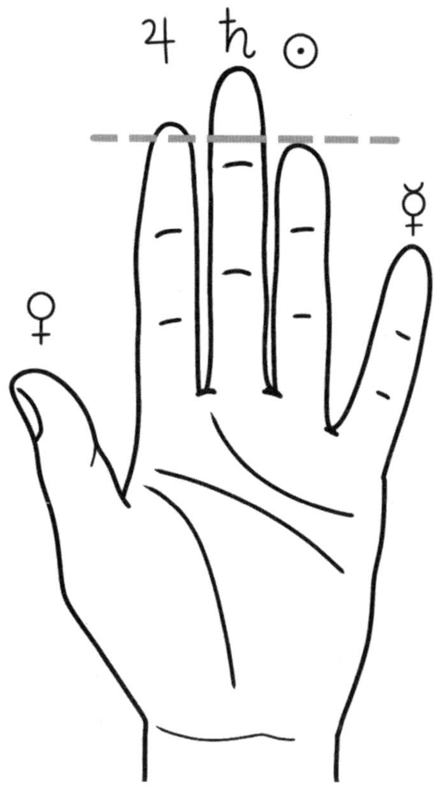

- Reflete uma pessoa extremamente séria e disciplinada, que pode ser perfeccionista e exigente consigo mesma.
- Tem tendência à introspecção e uma forte conexão com valores éticos.

- **Mais Curto que o Padrão:**

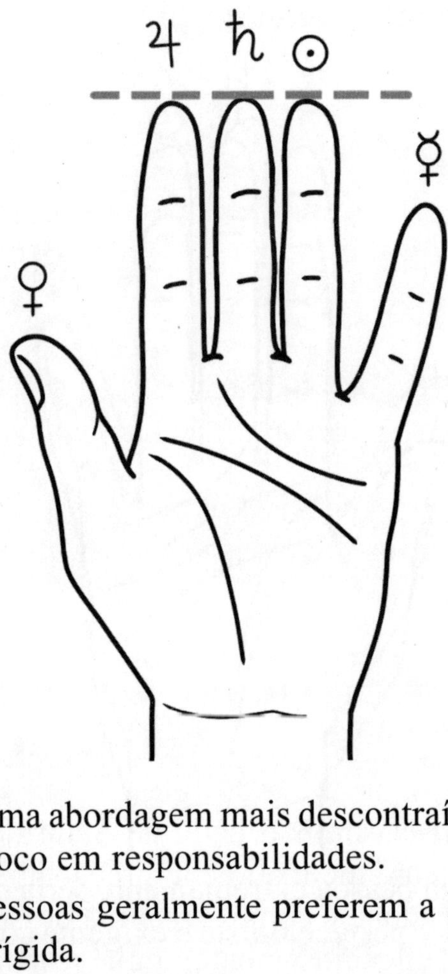

- Indica uma abordagem mais descontraída da vida, com menor foco em responsabilidades.
- Essas pessoas geralmente preferem a liberdade à disciplina rígida.

Inclinação:

- **Inclinado para o Dedo de Júpiter:**

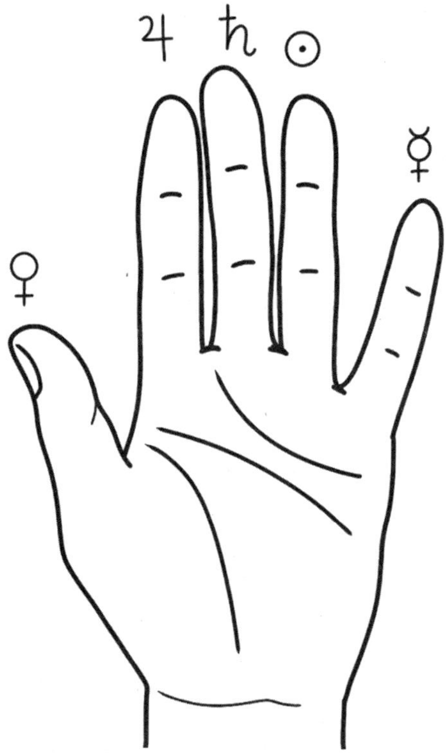

- Quando observamos o dedo de Saturno (o dedo médio) levemente inclinado em direção ao dedo de Júpiter (o indicador), é como se a alma desse ser estivesse buscando, silenciosamente, unir responsabilidade e ambição.

  Saturno é a força da disciplina, da ordem, do compromisso com o tempo e com as estruturas da vida. Júpiter, por sua vez, é a chama da liderança, do crescimento, do entusiasmo que move montanhas. Quando o dedo de Saturno se curva sutilmente na direção de Júpiter, é um sinal de que o senso de dever dessa pessoa se guia pelos seus sonhos de conquista.

Essas pessoas são naturalmente chamadas a assumir papéis de liderança, mas não por vaidade. Elas lideram porque sentem que é o seu dever construir, ensinar e guiar outros para algo maior. Carregam dentro de si uma consciência de que seu esforço deve gerar frutos para o coletivo. Por outro lado, essa inclinação também pode indicar uma natureza que precisa equilibrar ambição e responsabilidade, evitando o peso excessivo de se sentir obrigado a controlar tudo ao seu redor.

É o traço de quem nasce para crescer e fazer crescer, com seriedade, ética e propósito.

- **Inclinado para o Dedo de Apolo:**

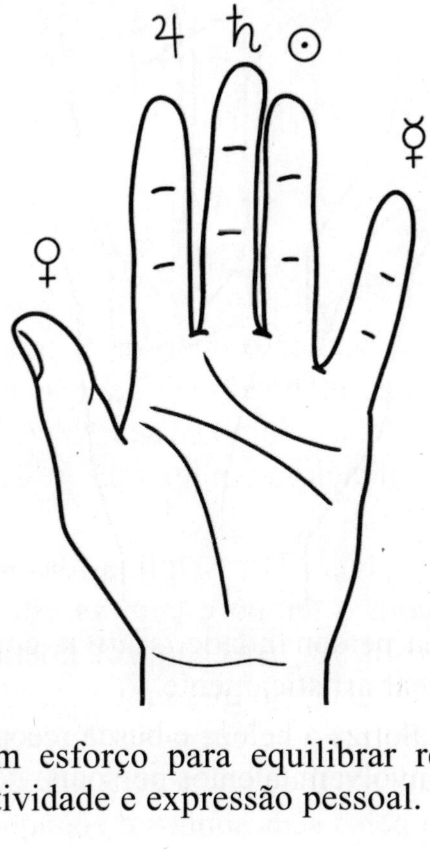

- Indica um esforço para equilibrar responsabilidade com criatividade e expressão pessoal.

Dedo de Apolo (Anelar) Significado Geral

Ligado à criatividade, à expressão artística e ao desejo de reconhecimento. Representa o Monte de Apolo, que governa a alegria, a beleza e o sucesso pessoal.

Interpretação pelo Tamanho:

- **Maior que o Dedo de Júpiter:**

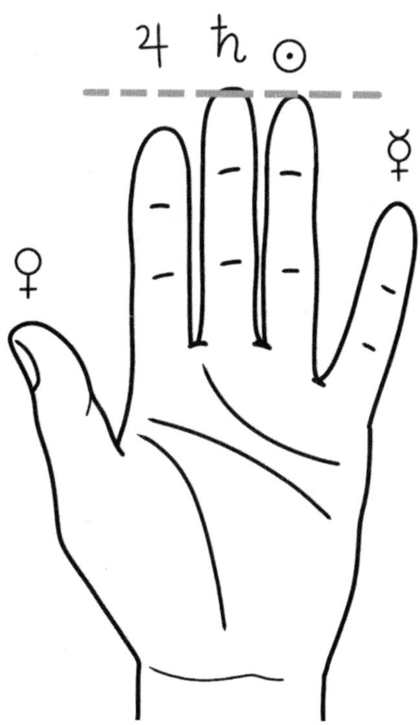

- Reflete uma personalidade criativa, com forte desejo de se destacar artisticamente.
- A pessoa valoriza a beleza e busca reconhecimento em áreas que envolvam talentos pessoais.

- **Menor que o Dedo de Júpiter:**

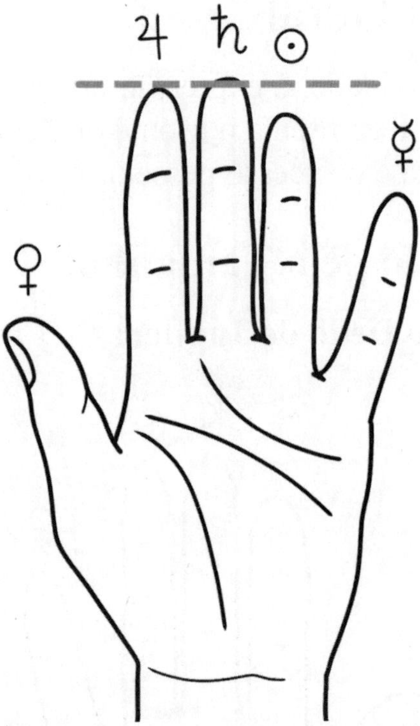

- Indica praticidade e menor preocupação com a aparência ou validação externa.
- Essas pessoas preferem contribuir de forma prática, sem a necessidade de destaque.

- **Proporcional ao Dedo de Júpiter:**

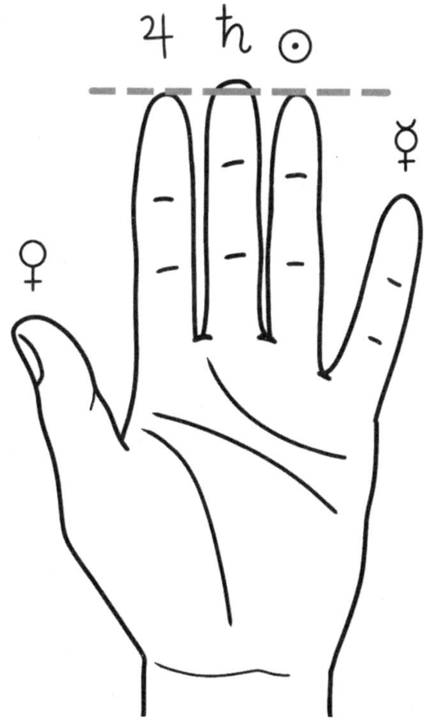

- Quando o dedo de Apolo (anelar) tem o mesmo tamanho do dedo de Júpiter (indicador), isso revela uma personalidade equilibrada entre ambição e sensibilidade. A pessoa busca seus objetivos com coragem, mas sem abrir mão do bom gosto, da beleza e da autenticidade.

  Essa harmonia entre Apolo e Júpiter indica uma alma que sabe liderar com inspiração, expressar seus talentos e valorizar a jornada tanto quanto a conquista. Um sinal de quem entende que o verdadeiro sucesso nasce da união entre propósito e criatividade.

Inclinação:

- **Inclinado para o Dedo de Saturno:**

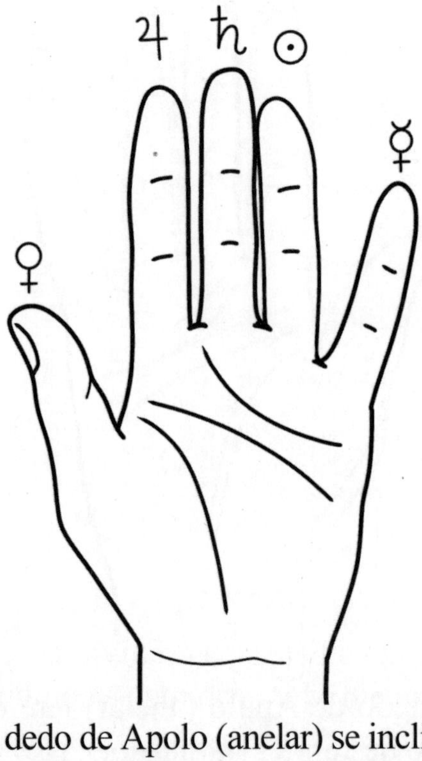

- Quando o dedo de Apolo (anelar) se inclina em direção ao dedo de Saturno (médio), mostra uma pessoa que tem brilho, criatividade e talento, mas que sente a necessidade de construir uma base sólida antes de se mostrar ao mundo. Existe uma vontade de crescer, mas também um cuidado interno para fazer tudo de forma segura e verdadeira.

  Esse movimento revela uma alma que tem muito a oferecer, mas que, às vezes, se cobra demais e duvida do próprio potencial. É um sinal bonito de alguém que, quando aprende a confiar na própria luz, consegue realizar grandes coisas de maneira firme e brilhante.

- **Inclinado para o Dedo de Mercúrio:**

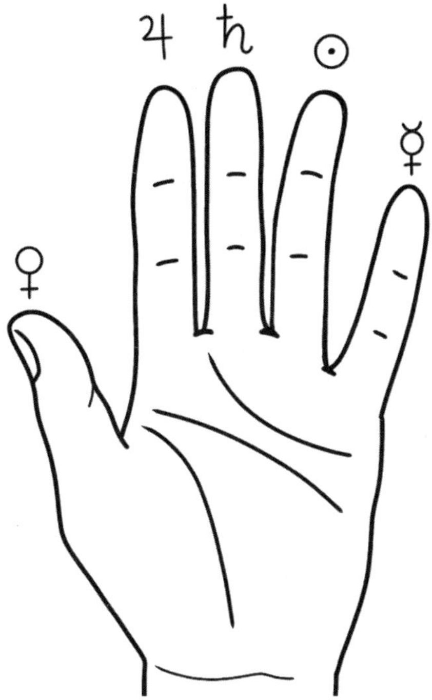

- Apolo governa a beleza, a criatividade e a expressão artística, enquanto Mercúrio rege a comunicação, a mente rápida e a troca de ideias. Quando esses dois dedos se inclinam um para o outro, revelam um espírito que nasceu para expressar sentimentos de forma encantadora, seja pela arte, pela fala ou pela escrita.

  Essa inclinação mostra uma pessoa naturalmente talentosa em transmitir emoções e pensamentos de maneira viva e cativante. Seja desenhando, cantando, escrevendo ou interpretando, sua arte e sua comunicação se entrelaçam, tocando o coração de quem a acompanha.

  Por outro lado, é importante ter cuidado para não se perder entre tantos talentos ou buscar apenas agradar os outros. A verdadeira força desse traço está em expressar com autenticidade aquilo que pulsa em seu interior.

O Dedo de Mercúrio (Mínimo) Significado Geral

Representa comunicação, inteligência emocional e adaptabilidade. Está associado ao Monte de Mercúrio, que governa habilidades sociais e intelectuais.

Interpretação pelo Tamanho:

- **Abaixo da Dobra do Dedo de Apolo:**

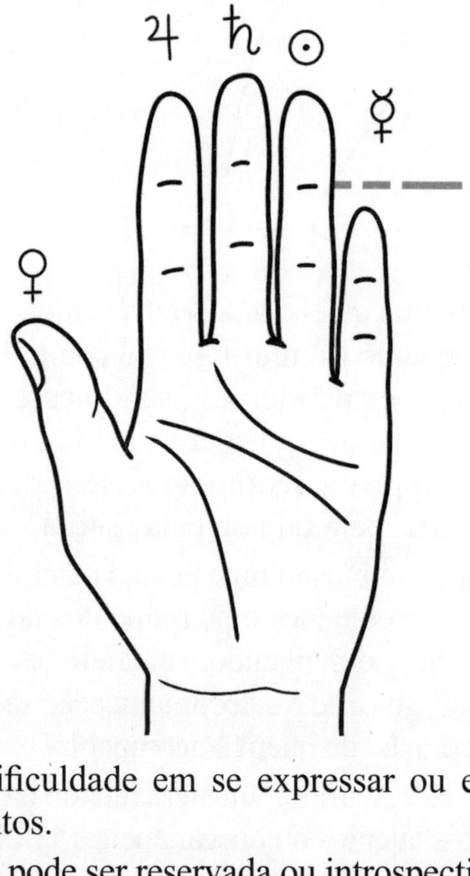

- Indica dificuldade em se expressar ou em comunicar sentimentos.
- A pessoa pode ser reservada ou introspectiva, preferindo observar em vez de participar ativamente.

- **Na Altura da Dobra do Dedo de Apolo:**

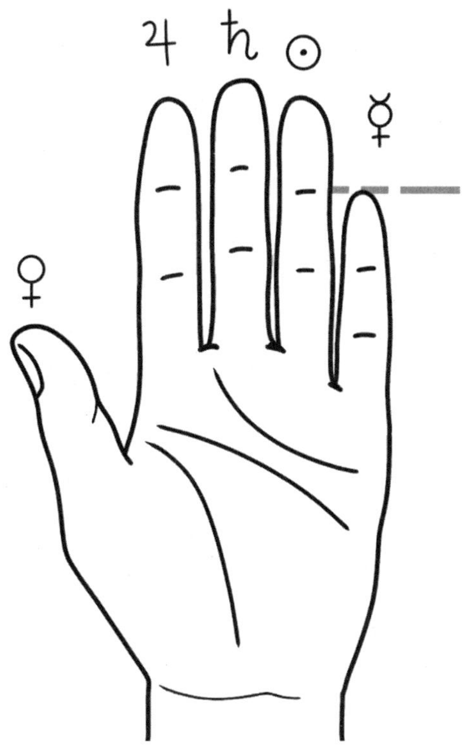

- Reflete equilíbrio em habilidades comunicativas e emocionais.
- A pessoa é clara, direta e tem facilidade para negociar ou mediar conflitos.

- **Acima da Dobra do Dedo de Apolo:**

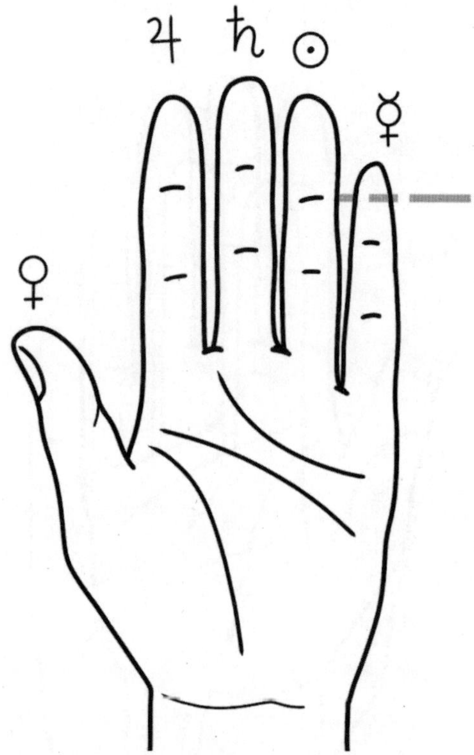

- Indica um comunicador excepcional, com grande habilidade para liderar ou persuadir.
- Essa pessoa se destaca em áreas como ensino, política ou vendas.

Inclinação:

- **Inclinado para o Dedo de Apolo:**

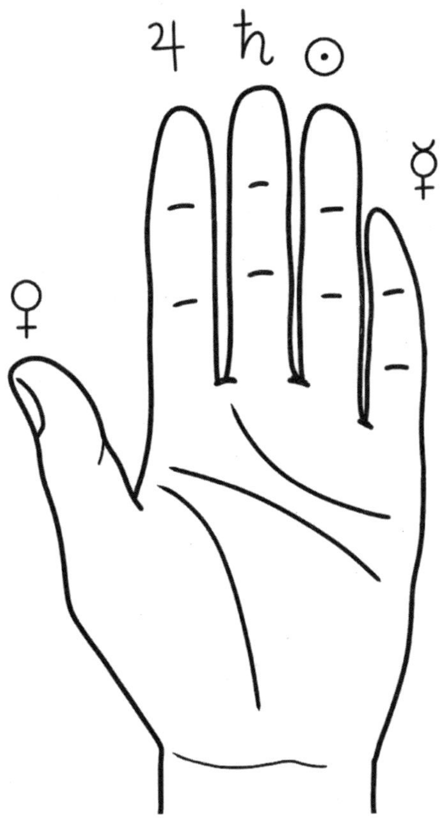

- Indica uma pessoa comunicativa, criativa e carismática. Gosta de se expressar de forma envolvente e de talento para áreas artísticas ou sociais.

- **Inclinado para fora (afastado):**

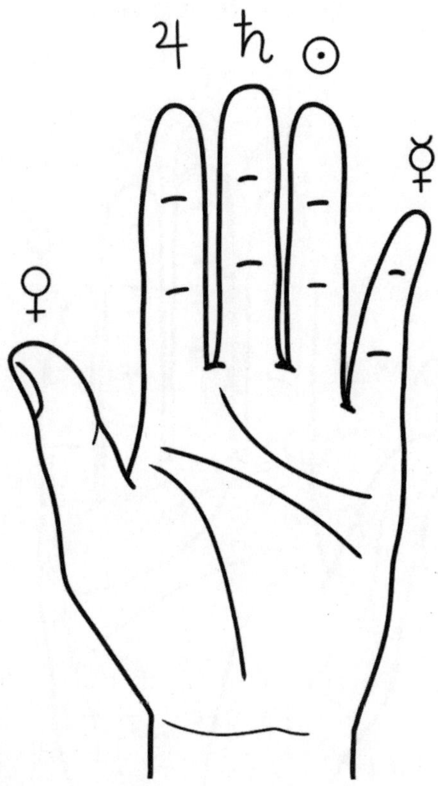

- Revela um espírito livre e independente. Quem tem essa característica valoriza a espontaneidade, pensa rápido e tem facilidade para se adaptar a diferentes situações.

O Polegar (Dedo de Vênus)

Significado Geral

Representa força de vontade, determinação e energia prática. É essencial para entender como a pessoa age no mundo físico.

Interpretação pelo Tamanho:

- **Longo:**

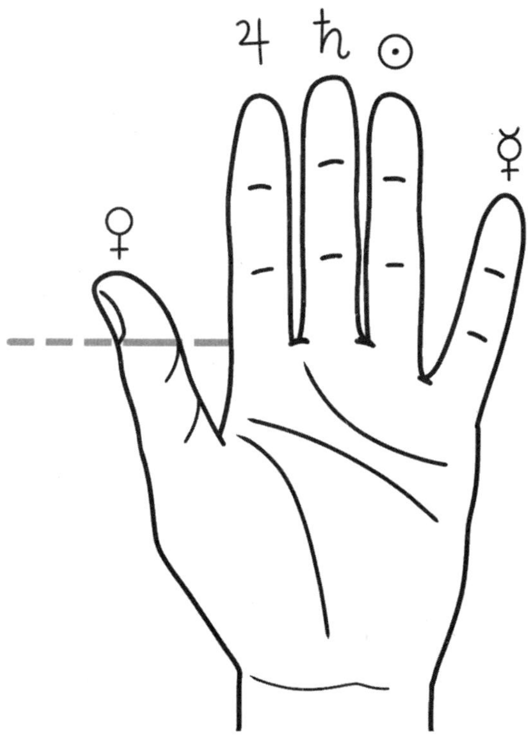

- Indica grande força de caráter e autoconfiança.
- A pessoa tende a ser independente e determinada.

- **Curto:**

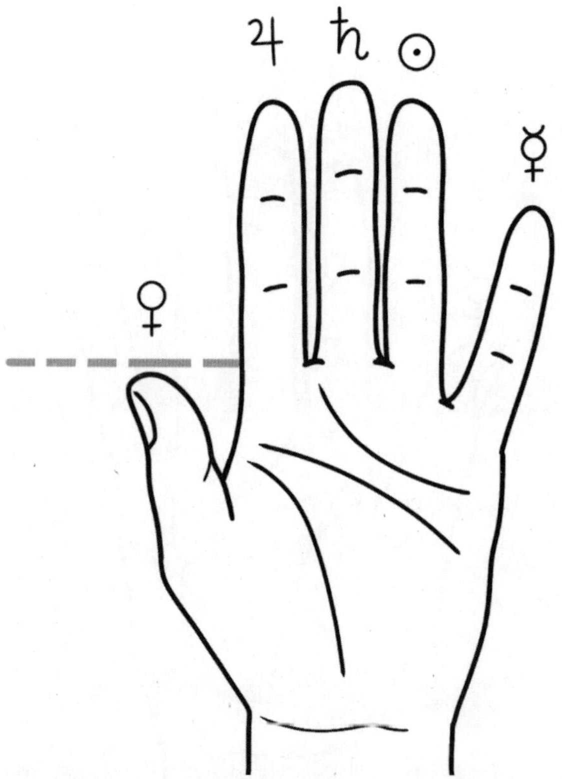

- Reflete uma abordagem mais emocional e menos prática em relação à vida.
- Pode haver tendência a depender de outros para decisões importantes.

Flexibilidade:

- **Rígido:**

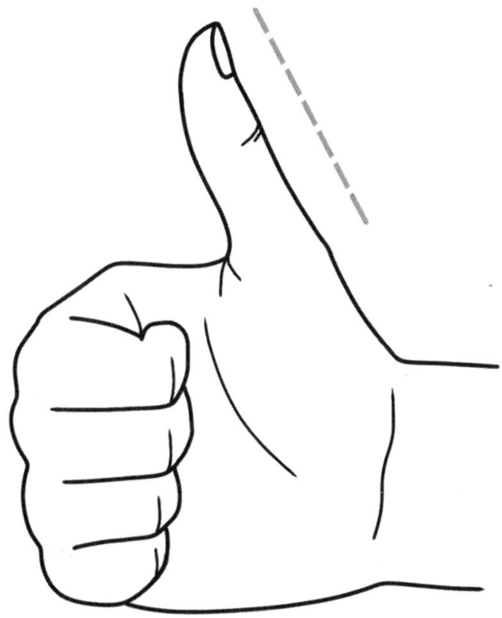

- Indica uma personalidade firme e teimosa, com dificuldade em se adaptar a mudanças.

- **Flexível:**

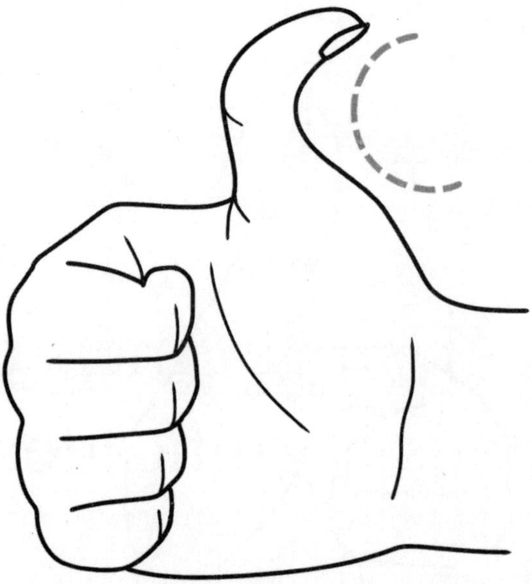

- Reflete adaptabilidade e criatividade, com capacidade de lidar com desafios de forma inovadora.

Capítulo 13

O Uso de Anéis e Seus Significados

Os anéis são muito mais do que simples adornos. Eles são símbolos, chaves energéticas e instrumentos de magia pessoal. Cada dedo está ligado a um monte específico da mão, que por sua vez carrega uma energia planetária, espiritual e emocional. Quando colocamos um anel com intenção, ativamos esse monte — e, com ele, despertamos forças internas que estavam adormecidas.

Ao longo dos séculos, os anéis foram usados por reis, bruxas, curandeiras, sacerdotes e sábios. Alguns para marcar status, outros como proteção espiritual, selos de compromisso, e muitos como instrumentos mágicos. Hoje, quando escolhemos um anel com consciência, também nos conectamos com essa ancestralidade.

Este capítulo vai te guiar na leitura energética dos anéis em cada dedo, relacionando-os aos montes da mão, aos planetas, aos cristais e aos elementos. Vamos despertar a consciência de que nossas mãos são portais de manifestação, e que cada dedo pode se tornar uma antena poderosa de intenção, força e conexão.

Anel no Polegar – Monte de Vênus

Amor-próprio, vitalidade e poder pessoal

O polegar está ligado ao Monte de Vênus, que representa a força vital, o prazer de viver, a sensualidade e o amor por si. Usar um anel aqui é um gesto de afirmação pessoal. Amplifica a independência emocional, desperta a vontade de viver com mais paixão e nos ajuda a tomar decisões com firmeza e coragem.

Esse é o dedo da força de vontade, e um anel no polegar pode ser um talismã de proteção contra relações abusivas ou influências externas. É como dizer: "Eu comando minha própria vida."

Cristais recomendados:

- Hematita: aterramento e escudo energético
- Ônix: bloqueia energias negativas
- Jaspe vermelho: ativa a paixão e a energia sexual

Material do anel:

- Ouro: ativa o brilho pessoal e o magnetismo
- Prata: equilibra emoções e acalma os impulsos
- Cobre: aprofunda a conexão com os desejos mais genuínos

Anel no Indicador – Monte de Júpiter

Liderança, propósito e espiritualidade

O dedo indicador se conecta ao Monte de Júpiter, símbolo da expansão, ambição, espiritualidade e busca por reconhecimento. Um anel nesse dedo aumenta a autoconfiança, o poder de comando e o desejo de deixar sua marca no mundo. É o dedo dos mestres, dos conselheiros e daqueles que inspiram os outros.

Usar um anel aqui fortalece seu senso de missão, te ajuda a traçar metas com mais clareza e traz coragem para tomar decisões importantes.

Cristais recomendados:

- Ametista: sabedoria e proteção espiritual
- Citrino: poder pessoal e clareza de propósito
- Granada: ativa a paixão pelo que se faz

Material do anel:

- Ouro: eleva a ambição com sabedoria
- Prata: traz calma para decisões importantes
- Cobre: fortalece a conexão com guias espirituais

Anel no Dedo Médio - Monte de Saturno

Disciplina, estrutura e proteção energética

O dedo médio está ligado ao Monte de Saturno — o planeta da responsabilidade, da justiça, do tempo e da maturidade. Usar um anel aqui traz centramento, foco e capacidade de se manter firme mesmo em meio ao caos. Também é uma forma de se proteger energeticamente, criando uma barreira contra o que te desestabiliza.

É o dedo ideal para quem busca mais estabilidade emocional, proteção espiritual e conexão com a sabedoria ancestral.

Cristais recomendados:

- Quartzo-fumê: dissipador de negatividade
- Labradorita: escudo energético e aumento da intuição
- Obsidiana negra: força e corte de padrões nocivos

Material do anel:

- Ouro: firmeza, disciplina e resistência
- Prata: serenidade diante dos desafios
- Cobre: resiliência e força espiritual

Anel no Dedo Anelar - Monte de Apolo

Amor, beleza e expressão da alma

O Monte de Apolo é o da criatividade, do brilho pessoal, da arte e do amor romântico. É por isso que esse dedo foi escolhido para carregar alianças — ele está conectado diretamente ao chakra do coração. Usar um anel aqui desperta o carisma, aumenta a expressão artística e acende a chama do amor, tanto por si quanto pelo outro.

Esse dedo também se conecta com o prazer estético, com a autoestima e com o desejo de viver uma vida bela, intensa e cheia de significado.

Cristais recomendados:

- Quartzo-rosa: amor-próprio e harmonia emocional
- Topázio azul: clareza na comunicação emocional
- Água-marinha: paz interior e sensibilidade

Material do anel:

- Ouro: fortalece o amor e a paixão pela vida
- Prata: favorece relações equilibradas
- Cobre: ativa a inspiração criativa e o magnetismo

Anel no Dedo Mínimo – Monte de Mercúrio

Comunicação, intuição e inteligência emocional

O Monte de Mercúrio rege o dedo mínimo — e esse monte fala da nossa capacidade de expressão, do nosso jogo de cintura, da intuição e do poder de se adaptar. Usar um anel aqui ativa a comunicação clara e a conexão com os mundos sutis.

É o dedo dos oradores, escritores, médiuns e negociadores. Um anel aqui pode ajudar a desbloquear a garganta, melhorar a expressão verbal e a comunicação com os outros — inclusive nos relacionamentos.

Cristais recomendados:

- Turquesa: liberta a fala e protege a energia
- Ágata azul: pacifica e organiza o pensamento emocional
- Cianita azul: ativa a intuição e limpa os chakras

Material do anel:

- Ouro: autoconfiança na comunicação
- Prata: aumenta a sensibilidade intuitiva
- Cobre: promove conexão entre mente e emoção

A Energia dos Materiais e Sua Correspondência Elemental

Ouro (Elemento Fogo):

Vitaliza, aquece e fortalece. Traz brilho, sucesso, autoconfiança e reconhecimento. Perfeito para quem deseja expandir, conquistar e atrair luz.

Prata (Elemento Água):

Conecta com as emoções, acalma a alma, ativa a intuição e fortalece a sensibilidade. Ideal para quem busca equilíbrio, paz e conexão com o sagrado.

Cobre (Elemento Terra):

Traz enraizamento, poder de cura, estabilidade e ligação com a natureza. É um metal de transmutação que equilibra os corpos físico e emocional.

Dicas para Escolher o Anel Ideal

Escolha o dedo com intenção:

Pense no que você quer ativar: mais foco (dedo médio), mais amor (anelar), mais coragem (polegar), mais expressão (mínimo) ou mais liderança (indicador).

Escolha o metal com consciência:

Ouro para ativar sua luz interior, prata para acessar sua intuição, cobre para se conectar com a Terra e com sua força interior.

Use cristais com propósito:

Cada cristal tem uma vibração específica. Não escolha só pela cor ou beleza, mas pelo que você deseja transformar, curar ou expandir em sua vida.

Observe o monte correspondente:

Entenda qual monte você está ativando ao usar o anel. Ele é o portal energético que se comunica com todo o seu sistema vibracional.

Os anéis são muito mais do que acessórios. São ferramentas mágicas, portais de intenção, e espelhos da alma que brilham discretamente nos dedos. Cada anel pode ser um lembrete silencioso daquilo que você escolhe cultivar dentro de si. Com consciência, um simples gesto de colocar um anel se torna um ato de poder, de magia e de autoexpressão.

Escolha com alma. Use com intenção. E permita que suas mãos — sempre tão sagradas — também se tornem oráculos vivos da sua própria jornada.

Capítulo 14

Símbolos e Marcas nas Mãos

A palma da mão contém uma rica variedade de símbolos e marcas que complementam as linhas principais e secundárias. Esses sinais servem como mensagens específicas, revelando características, eventos, talentos e desafios únicos na vida de uma pessoa. Cada marca possui um significado próprio, que pode variar dependendo de sua localização na palma ou em um monte em particular.

Neste capítulo, exploraremos os principais símbolos e marcas na quiromancia, seus significados gerais e como interpretá-los em diferentes contextos.

Triângulo

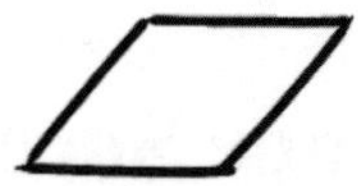

Quadrado

Estrela

Cruz

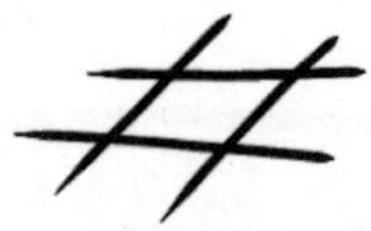

Grade

Ilha

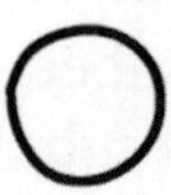

Círculo

Ponto

Tridente

Vassoura

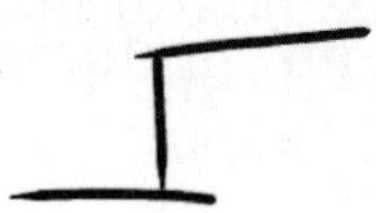

Linhas transversais

Linhas irmãs

Linha bifurcada

Riscos para baixo

Riscos para cima

Significados Gerais dos Símbolos

Triângulo – Grande Sucesso:

- **Descrição:** um pequeno triângulo formado por interseções de linhas.
- **Significado Geral:** Representa sucesso, proteção espiritual e habilidade para resolver problemas com sabedoria.
- **Localizações e Significados:**
    - **Monte de Júpiter:** sucesso em liderança e ambição.
    - **Monte de Apolo:** reconhecimento e realização artística.
    - **Monte de Saturno:** proteção em momentos de grandes responsabilidades.
    - **Monte de Mercúrio:** sucesso em comunicação e negócios.

Quadrado – Proteção:

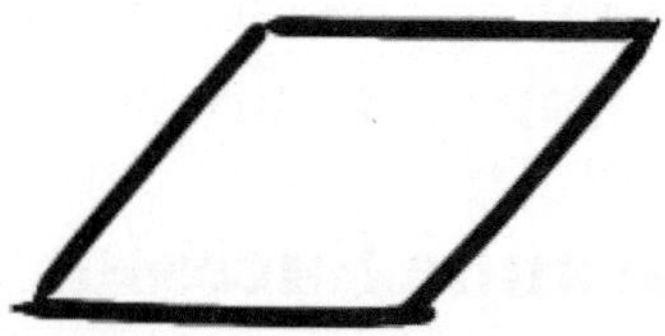

- **Descrição:** um padrão retangular ou quadrado formado por linhas.
- **Significado Geral:** o quadrado é um símbolo de segurança, proteção contra energias negativas e estabilidade.
- **Localizações e Significados:**
  - **Monte de Marte:** proteção em conflitos ou momentos de confronto.
  - **Monte de Vênus:** proteção emocional e estabilidade nos relacionamentos.
  - **Linha da Vida:** indica recuperação após períodos de dificuldade.

Estrela – Sucesso:

- **Descrição:** linhas que se cruzam formando uma estrela.
- **Significado Geral:** indica sucesso, sorte e potencial extraordinário em áreas específicas da vida.

- **Localizações e Significados:**
    - **Monte de Apolo:** sucesso e fama em áreas criativas.
    - **Monte de Júpiter:** realizações marcantes e liderança.
    - **Monte da Lua:** intuição e habilidades espirituais.

Cruz – Mudanças:

- **Descrição:** duas linhas que se cruzam formando um "X".
- **Significado Geral:** simboliza mudanças significativas, desafios ou transformações.
- **Localizações e Significados:**
    - **Monte de Júpiter:** mudança nos objetivos ou em posições de liderança.
    - **Linha do Destino:** alteração importante na trajetória de vida.
    - **Monte de Mercúrio:** mudança na forma de comunicação ou área profissional.

Grade – Fraquezas:

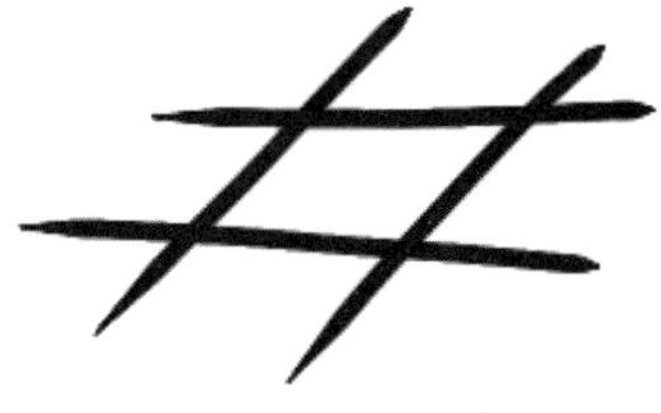

- **Descrição:** um padrão de linhas cruzadas formando uma grade ou grelha.

- **Significado Geral:** representa bloqueios ou fraquezas em áreas específicas.
- **Localizações e Significados:**
  - **Monte de Apolo:** dificuldade em alcançar sucesso ou expressar talentos.
  - **Monte de Vênus:** obstáculos emocionais ou em relacionamentos.

Ilha – Período de Estresse:

- **Descrição:** uma forma oval ou circular em uma linha.
- **Significado Geral:** indica períodos de tensão, desafios ou fragilidade.
- **Localizações e Significados:**
  - **Linha da Vida:** problemas de saúde ou esgotamento.
  - **Linha do Coração:** tensões emocionais ou dificuldades nos relacionamentos.
  - **Linha da Cabeça:** momentos de dúvida ou confusão mental.

Círculo – Favorável apenas no Sol:

- **Descrição:** um pequeno círculo ou anel formado por uma linha.

- **Significado Geral:** indica eventos significativos, geralmente positivos quando encontrados na Linha do Sol.
- **Localização Favorável:**
  - **Linha do Sol:** reconhecimento público ou sucesso extraordinário.

O Ponto – Fraqueza:

- **Descrição:** um pequeno ponto visível em uma linha ou monte.
- **Significado Geral:** representa fraqueza ou vulnerabilidade temporária em uma área específica.
- **Localizações e Significados:**
  - **Monte de Marte:** momento de conflito interno ou externo.
  - **Linha da Saúde:** fragilidade física ou emocional.

Tridente – Sorte:

- **Descrição:** uma linha que termina em três ramificações, semelhante a um tridente.
- **Significado Geral:** simboliza sorte, expansão e equilíbrio entre diferentes áreas da vida.

- **Localizações e Significados:**
  - **Linha do Destino:** realizações significativas e sorte na carreira.
  - **Linha do Sol:** sucesso e reconhecimento em múltiplas áreas.

Vassoura – Limpeza de Energias Negativas:

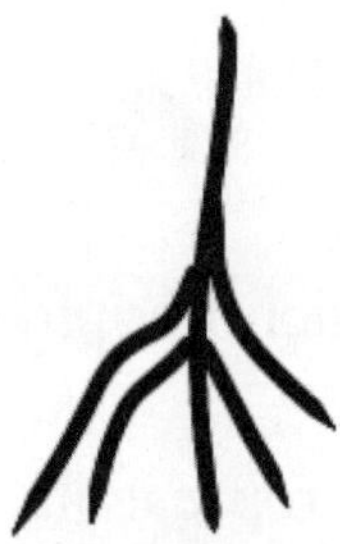

- **Descrição:** um conjunto de linhas finas que parecem formar cerdas de uma vassoura.
- **Significado Geral:** indica limpeza energética, superação de negatividade e renascimento.
- **Localizações e Significados:**
  - **Monte de Vênus:** renovação emocional e força nos relacionamentos.
  - **Monte de Marte:** capacidade de superar conflitos.

Linhas Transversais Obstáculos:

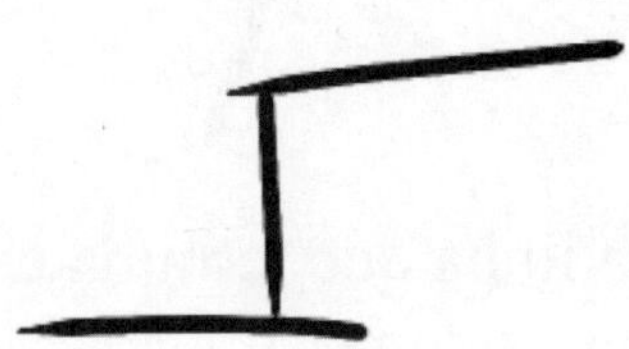

- **Descrição:** linhas que cruzam outras, geralmente interrompendo o fluxo.

- **Significado Geral:** representam barreiras, desafios ou interrupções.
- **Localizações e Significados:**
    - **Linha do Destino:** obstáculos no caminho profissional ou pessoal.
    - **Linha da Vida:** interferências na vitalidade ou no equilíbrio.

Linhas Irmãs – Poder e Força:

- **Descrição:** linhas que correm paralelas a uma linha principal.
- **Significado Geral:** simbolizam apoio, proteção e força adicional em áreas específicas.
- **Localizações e Significados:**
    - **Linha da Vida:** reforço na vitalidade e na resiliência.
    - **Linha do Destino:** suporte em momentos de mudança ou crescimento.

Linhas Bifurcadas – Escolhas:

- **Descrição:** uma linha que se divide em dois ramos no final.
- **Significado Geral:** representa escolhas importantes ou caminhos alternativos na vida.
- **Localizações e Significados:**
  - **Linha da Cabeça:** capacidade de equilibrar lógica e criatividade.
  - **Linha do Coração:** diversidade de conexões emocionais.

Riscos para Cima – Ganhos:

- **Descrição:** linhas finas que se estendem para cima a partir de uma linha principal ou monte.
- **Significado Geral:** simbolizam conquistas, crescimento e sucesso.

- **Localizações e Significados:**
  - **Monte de Apolo:** ganhos em reconhecimento ou criatividade.
  - **Linha do Destino:** progresso na carreira ou propósito de vida.

Riscos para Baixo – Perdas:

- **Descrição:** linhas finas que se estendem para baixo a partir de uma linha principal ou monte.
- **Significado Geral:** representam perdas, desafios ou retrocessos.
- **Localizações e Significados:**
  - **Linha da Vida:** perda de energia ou vitalidade.
  - **Linha do Sol:** perda de reconhecimento ou obstáculos à criatividade.

Práticas de Análise

1. Interpretação pelo Contexto:

Considere sempre o significado do símbolo em relação à linha ou ao monte onde aparece. Um tridente na Linha do Sol, por exemplo, amplifica o potencial criativo e o sucesso.

2. Observação da Claridade e Profundidade:

Símbolos mais claros e profundos têm maior impacto e influência na vida da pessoa, enquanto marcas superficiais podem refletir questões temporárias.

3. Combinação de Símbolos:

Símbolos próximos ou interligados, como uma estrela no Monte de Júpiter cruzada por uma linha ascendente, indicam uma combinação de sucesso e crescimento pessoal.

Os símbolos e as marcas nas mãos são mensagens codificadas que revelam nuances importantes da vida de uma pessoa. Eles oferecem *insights* sobre talentos, desafios e eventos que moldam o caminho individual. Ao combinar a análise desses sinais com as linhas e os montes, a leitura se torna mais rica e detalhada, permitindo compreender tanto o presente quanto as tendências futuras.

Capítulo 15

Curiosidades sobre Marcas e Símbolos Raros na Quiromancia

A quiromancia é uma arte cheia de mistérios e particularidades. Algumas marcas, símbolos e padrões aparecem raramente, mas quando estão presentes, possuem significados profundos e especiais. Essas curiosidades são fascinantes e podem revelar talentos ocultos, eventos marcantes ou conexões espirituais únicas.

Neste capítulo, exploraremos marcas e símbolos menos comuns ou ainda não abordados, junto às suas interpretações. Essas curiosidades ampliam a compreensão da quiromancia, oferecendo *insights* surpreendentes para quem deseja mergulhar mais fundo nessa prática.

O Olho de Hórus no Polegar – Intuição, Amor e Proteção em Ação

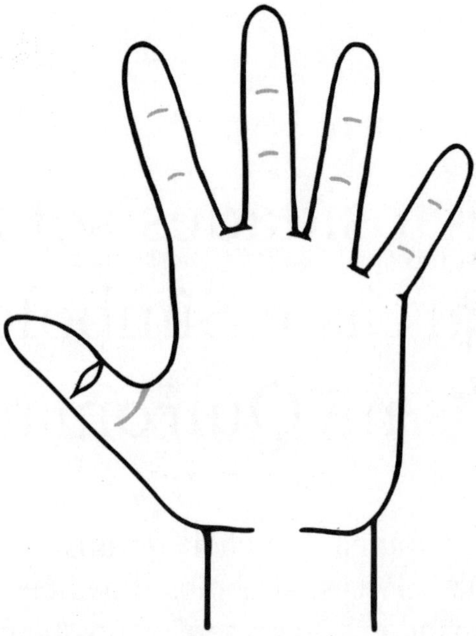

Quando o símbolo do Olho de Hórus aparece no polegar, a leitura ganha um brilho especial. Esse dedo está ligado ao Monte de Vênus, à força do amor, da sensualidade, da vitalidade e também à forma como colocamos nossas vontades no mundo. É o dedo da ação, do toque que transforma e do gesto que escolhe.

O Olho de Hórus, por sua vez, é um dos símbolos mais antigos e poderosos da proteção espiritual, da visão além do véu e da conexão com a sabedoria divina. Quando ele se manifesta ali, no dedão, ele une a ação com a visão. É como se a pessoa tivesse o dom de agir com o coração, mas guiada por uma intuição refinada e protegida por forças maiores.

Esse sinal revela alguém que sabe sentir antes de reagir. Que ama com consciência, que valoriza o amor-próprio e não se entrega de qualquer forma. É uma marca de quem já aprendeu — ou está aprendendo — a se proteger emocionalmente, sem perder a doçura. O Olho de Hórus nesse ponto da mão é como um farol interno que ilumina as relações, ajudando a enxergar o que está por trás dos gestos e palavras, protegendo o coração sem fechar as portas da alma.

É o tipo de pessoa que tem um radar emocional poderoso: sente quando algo está fora do lugar, percebe quando o amor é verdadeiro, e tem a sabedoria de se afastar quando a energia não está em harmonia. É um presente espiritual na palma da mão.

O Pentagrama ou Estrela Perfeita

Pentagrama na Mão – A Estrela da Proteção e do Poder Espiritual

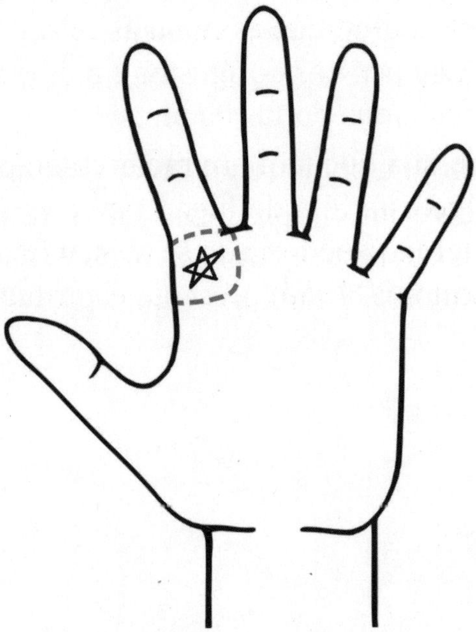

Quando um pentagrama se forma na palma da mão — com suas cinco linhas entrelaçadas desenhando uma estrela perfeita — estamos diante de um dos sinais mais raros e místicos da quiromancia. Esse símbolo, ancestral e sagrado, representa a união dos cinco elementos (Terra, Fogo, Água, Ar e Espírito) em perfeito equilíbrio.

Seu aparecimento não é comum, e quando surge, revela uma alma antiga, com uma missão espiritual profunda. O pentagrama carrega uma vibração de proteção divina, conexão com forças superiores e sabedoria que ultrapassa o tempo. É como se a pessoa tivesse nascido com uma luz acesa por dentro, guiada por algo maior e cercada por uma energia que a protege dos desequilíbrios do mundo externo.

Essa marca também fala de um poder interior latente — uma força intuitiva, criativa e transformadora. Quem carrega um pentagrama nas mãos geralmente tem grande capacidade de harmonizar ambientes, inspirar outros e despertar dons adormecidos, tanto em si quanto nos que o cercam. É alguém que veio para fazer diferença, não apenas com palavras, mas com presença.

Ver esse símbolo é como reconhecer uma estrela encarnada: uma alma com luz própria, que vibra ao mesmo tempo com os mistérios da Terra e com as vozes do Céu. Um verdadeiro sinal de que há algo mágico guiando essa jornada.

A Cruz Mística – O Sinal da Alma Espiritual

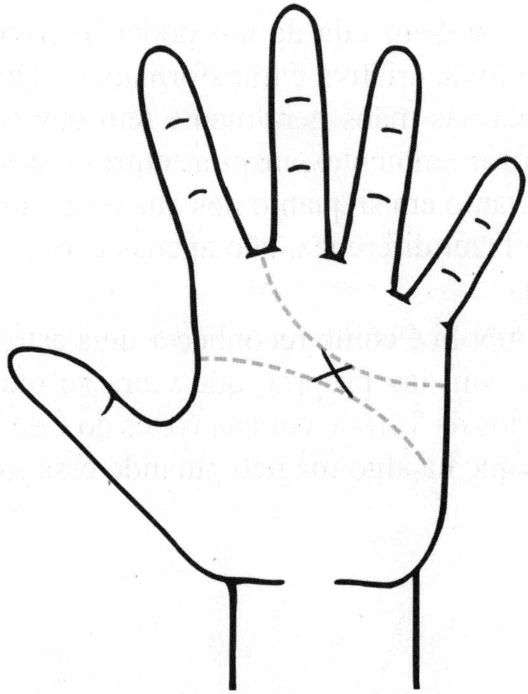

A chamada Cruz Mística — uma pequena cruz bem marcada entre a Linha da Cabeça e a Linha do Coração, bem no centro da palma — é uma das marcas mais especiais e espiritualmente significativas da quiromancia. Discreta, porém poderosa, ela revela uma alma em sintonia com o invisível e uma sensibilidade profunda para os mistérios da vida.

Essa cruz, também conhecida como "Cruz do Místico", não surge por acaso. Quando aparece, mostra que a pessoa tem uma conexão natural com planos mais sutis, com os mundos espirituais e com as sabedorias antigas. Ela é um sinal de proteção espiritual e, ao mesmo tempo, um chamado: para despertar dons intuitivos, talentos mediúnicos e uma missão ligada ao despertar de consciência — própria e coletiva.

Quem tem essa marca costuma ter forte atração por práticas como meditação, astrologia, tarô, quiromancia, oráculos, espiritualidade natural e magia ancestral. É como se essa cruz fosse um selo energético gravado na palma, lembrando que o caminho do autoconhecimento é também o caminho da alma.

Pessoas com a Cruz Mística geralmente possuem uma intuição refinada, percebem o que está nas entrelinhas e sentem o que não é dito. São guardiãs de saberes invisíveis, mesmo que ainda não tenham plena consciência disso. O símbolo é um convite para seguir o chamado interior e aprofundar a jornada espiritual com verdade e sensibilidade.

As Três Linhas Horizontais no Monte de Vênus – A Marca das Vidas Passadas

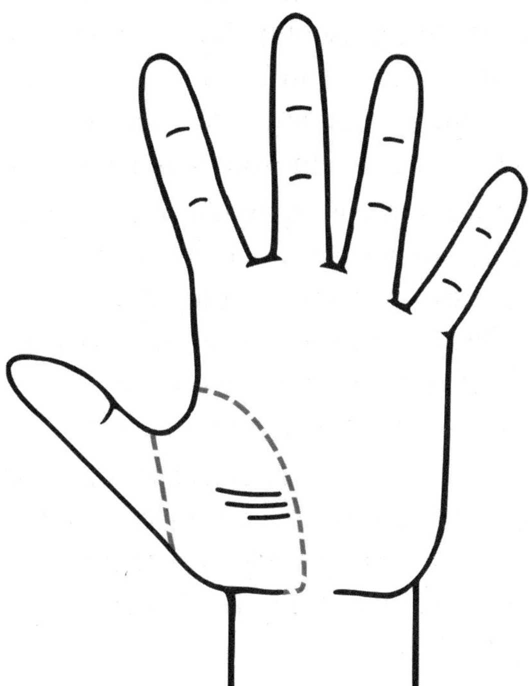

Quando três linhas finas e horizontais aparecem no Monte de Vênus, elas não são apenas detalhes na palma — são marcas sutis que sussurram histórias antigas. Conhecidas por muitos como a Marca de Vidas Passadas, essas linhas indicam que a alma carrega memórias, experiências e aprendizados de outras existências.

Essas marcas revelam que a pessoa não chegou ao mundo agora pela primeira vez... Ela vem de longe. Traz na bagagem traços de sabedorias ancestrais, talentos natos, relações kármicas e até cicatrizes emocionais que não começaram nesta vida. É como se a alma, ao retornar, deixasse suas pegadas impressas no Monte de Vênus — lugar que guarda nosso afeto, sensualidade, ancestralidade e laços profundos com o mundo.

Quando as linhas estão claras, firmes e bem definidas, mostram que a pessoa tem uma conexão forte com essas vidas anteriores. Pode apresentar dons naturais, sensibilidade espiritual, afinidade por culturas ou conhecimentos que nunca estudou, mas que já ressoam nela como verdade. Ela sente que já esteve aqui antes — mesmo sem saber explicar.

Se as linhas forem fracas, apagadas ou interrompidas, pode haver dificuldade em acessar essas informações. A alma ainda está em processo de cura ou integração dessas experiências passadas. Mesmo assim, essas marcas revelam que há memórias antigas que, mesmo inconscientes, influenciam a forma como a pessoa ama, escolhe, se conecta e vive.

Ter essas três linhas é como carregar uma chave simbólica. Um lembrete silencioso de que você é mais do que pensa ser. Há histórias em você que não começaram agora — e que continuam sendo escritas, linha por linha, palma por palma, vida por vida.

Marcas Raras nas Mãos – Os Sinais Secretos da Alma

Além das linhas e dos montes, existem outras marcas nas mãos que revelam partes muito íntimas da nossa jornada espiritual. São pequenos detalhes que muitas vezes passam despercebidos, mas que carregam mensagens preciosas. Pintas, cicatrizes, calos, correntes, flechas e até o formato das falanges contam histórias silenciosas sobre nossas vivências, desafios, dons e a maneira como caminhamos pelo mundo.

Pintas – Os Dons e Heranças Espirituais

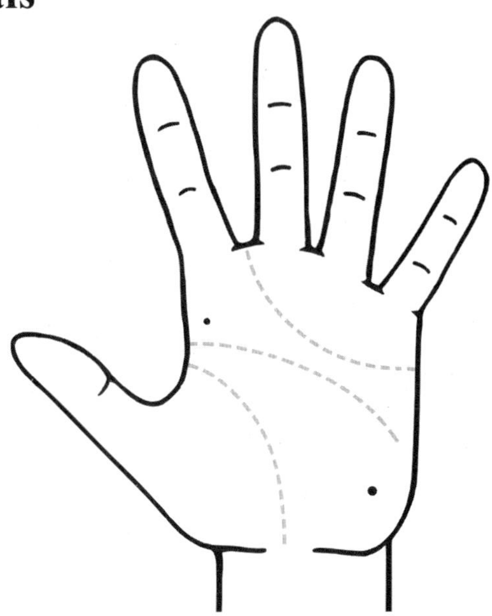

As pintas na palma da mão são vistas como marcas espirituais. São sinais de dons herdados, talentos que vêm de outras vidas ou habilidades que já nascem com a pessoa. Dependendo de onde aparecem, elas indicam áreas da vida onde existe um brilho natural, uma facilidade inata, um chamado da alma.

– Uma pinta em determinada região pode revelar uma missão espiritual.

– Quando surge ao longo da vida, sinaliza o despertar de um novo dom ou uma área que está pronta para florescer.

Elas são como sementes antigas que finalmente brotam — dons que estavam adormecidos, esperando o momento certo de despertar.

Cicatrizes – Marcas das Emoções e Transformações

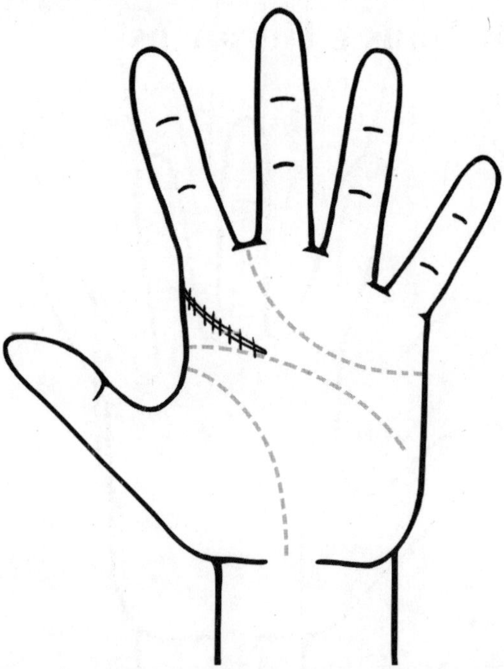

As cicatrizes nas mãos falam sobre experiências marcantes. Elas podem representar traumas, feridas emocionais, momentos de virada — mas também falam de cura e superação. Algumas somem com o tempo, outras permanecem como lembranças sagradas do que já foi vivido e transformado.

– Quando atravessam linhas principais, indicam impactos profundos naquela área da vida.

– Se estão sobre montes, mostram desafios ligados à energia daquele monte.

Cicatrizes contam o que te feriu — mas também mostram a força com que você renasceu.

Calos – Os Desafios que a Vida Impõe

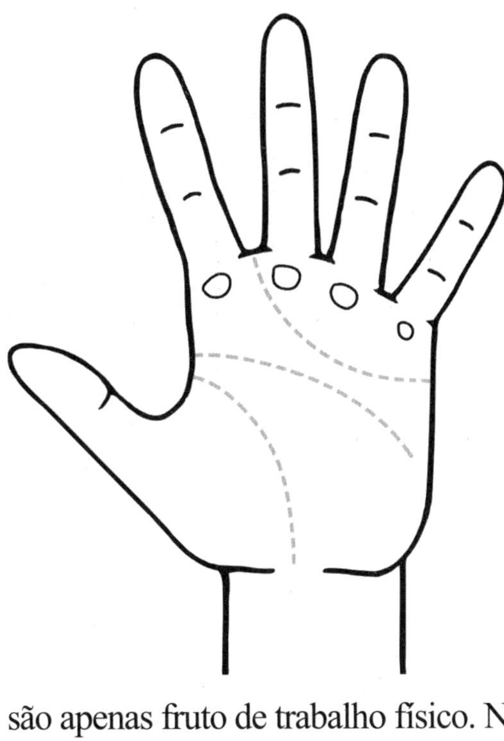

Calos não são apenas fruto de trabalho físico. Na leitura espiritual das mãos, eles revelam resistência, luta e áreas de sobrecarga. É como se a mão tentasse proteger aquilo que foi exigido demais.

– Calos nos montes indicam excesso de esforço naquela energia.

– Nas falanges, mostram em que parte da nossa estrutura interna enfrentamos bloqueios:

– Primeira falange: desafios mentais ou bloqueios de ideias
– Segunda falange: conflitos emocionais ou resistência a mudanças
– Terceira falange: questões práticas, materiais e financeiras

O calo é o grito silencioso de um ponto que já suportou mais do que devia — e ainda assim permanece ali, firme.

Correntes – As Fases de Instabilidade e Transição

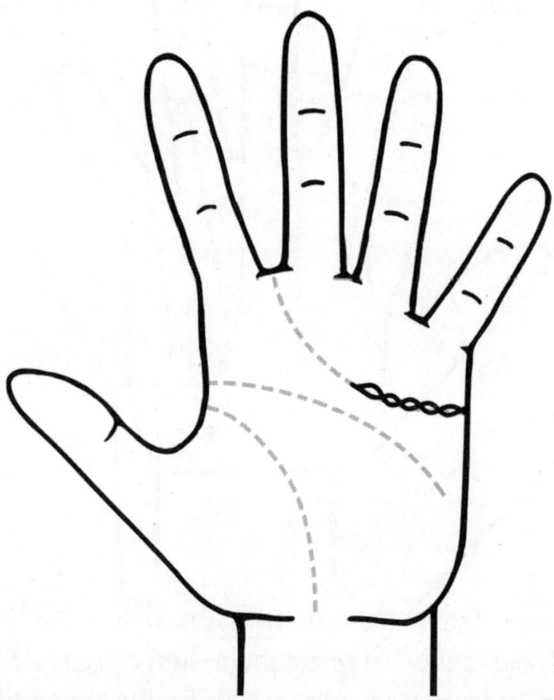

As correntes aparecem como pequenas ondulações ou emaranhados nas linhas principais. Representam fases de incerteza, momentos em que a energia não flui livremente. São tempos de turbulência, sim, mas também de crescimento interno.

– Correntes na Linha da Cabeça: confusão mental, dúvidas, sobrecarga de pensamentos.

– Na Linha do Coração: instabilidade afetiva, emoções difíceis de controlar.

– Na Linha da Vida: períodos de saúde fragilizada, mudanças inesperadas ou cansaço espiritual.

Apesar das instabilidades, quem carrega correntes também carrega sabedoria acumulada — são as marcas das tempestades que você aprendeu a atravessar.

Flechas – Direcionamento, Foco e Determinação

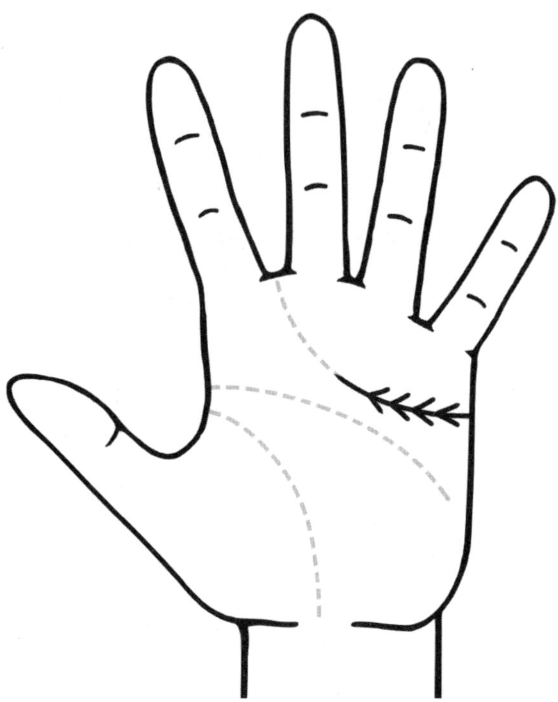

As flechas são formadas por linhas que se encontram em ângulos pontudos, como setas que apontam uma direção. Elas indicam intensidade, força de vontade e foco. São sinais de que a energia está sendo canalizada com clareza para um objetivo.

– Flechas na Linha da Cabeça: raciocínio rápido e mente objetiva.

– Na Linha do Coração: sentimentos intensos, decisões afetivas diretas.

– Apontando para montes: mostram onde a pessoa está concentrando sua energia ou talento.

Mas cuidado: quando o direcionamento é muito intenso, pode gerar rigidez. A flecha pode tanto acertar o alvo quanto ferir — o segredo está no equilíbrio.

Falanges – As Chaves Astrológicas dos Dedos

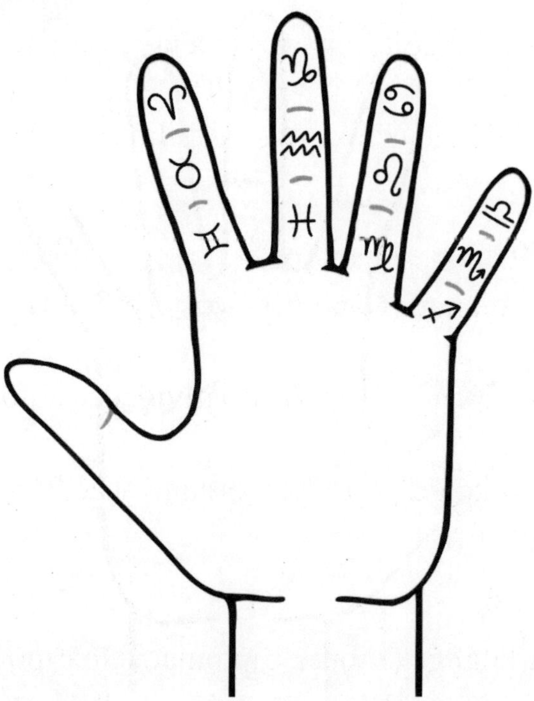

Cada dedo guarda um conjunto de energias, e cada falange (as três partes de cada dedo) revela como essa energia se manifesta. A quiromancia dialoga com a astrologia ao associar as falanges aos signos do zodíaco, revelando como os arquétipos astrológicos se manifestam no corpo.

Dedo Indicador

– Primeira falange (Áries): impulso, coragem, ação.

– Segunda falange (Touro): firmeza, constância, estabilidade.

– Terceira falange (Gêmeos): comunicação, adaptabilidade, agilidade mental.

Dedo Médio

– Primeira falange (Capricórnio): responsabilidade, disciplina, metas.

– Segunda falange (Aquário): ideias originais, liberdade, visão de futuro.

– Terceira falange (Peixes): sensibilidade, empatia, espiritualidade.

Dedo Anelar

– Primeira falange (Câncer): laços afetivos, proteção, vínculos familiares.

– Segunda falange (Leão): criatividade, autoestima, expressão.

– Terceira falange (Virgem): organização, detalhe, necessidade de controle.

Dedo Mínimo

– Primeira falange (Libra): diplomacia, harmonia, justiça.

– Segunda falange (Escorpião): intensidade, profundidade, transformação.

– Terceira falange (Sagitário): liberdade, expansão, filosofia de vida.

Além do formato, marcas como pintas, cicatrizes ou relevos podem indicar talentos, bloqueios ou histórias ligadas ao signo daquela falange. Um mapa místico gravado com signos em cada dedo.

O Poder do Polegar – A Força que Move o Destino

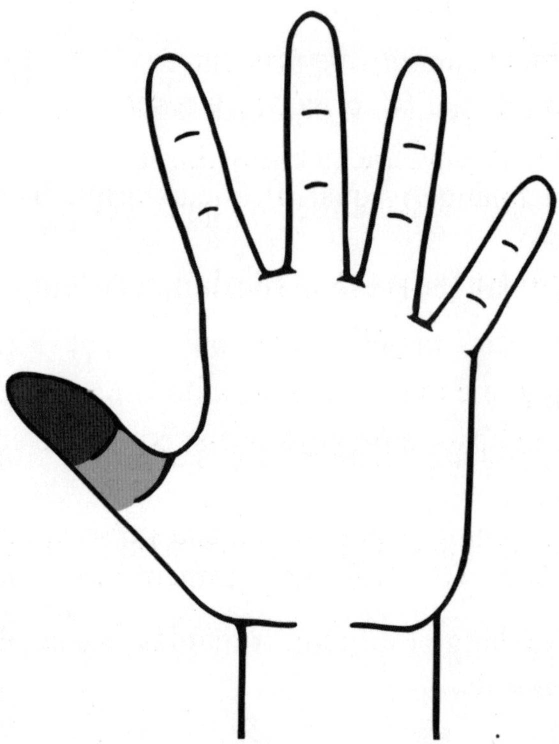

O polegar, ou "dedão", é o rei dos dedos na quiromancia. Ele mostra a força de vontade, a lógica, a forma como você toma decisões e lida com o mundo ao redor. Analisar o polegar é entender como a pessoa age diante da vida.

1ª Falange (próxima à unha) – Força de Vontade

– Longa: determinação, teimosia, força para insistir.

– Curta: pouca persistência, desânimo fácil.

– Reta: firmeza de caráter.

– Torta ou inclinada: instabilidade nas escolhas.

2ª Falange (base do dedo) – Raciocínio e Lógica

– Longa: mente analítica e prudente.

– Curta: impulsividade e decisões rápidas.

– Equilibrada: ponderação e sabedoria.

– Espessa: praticidade e foco no que é concreto.

O Equilíbrio Entre as Duas Falanges

– Se a primeira é maior: muita vontade, pouca estratégia.

– Se a segunda é maior: pensa muito antes de agir.

– Quando ambas são proporcionais: equilíbrio entre querer e saber fazer.

O polegar é como a bússola da sua personalidade — ele aponta para onde você vai, mas também mostra *como* você chega até lá.

A Leitura das Marcas Raras: Um Convite à Escuta Profunda

Essas marcas são como sussurros da alma. Elas não aparecem à toa e nem por acaso. São pistas delicadas sobre o que sua essência quer expressar, curar, desenvolver ou libertar. Ao observar pintas, cicatrizes, calos, correntes ou flechas, lembre-se de olhar para tudo com sensibilidade, unindo a leitura ao conjunto da mão, ao contexto da vida e à energia que vibra por trás de cada gesto.

Na palma da sua mão existe um universo. E cada sinal é uma estrela brilhando no céu da sua história. Basta olhar com os olhos certos — os da alma.

Capítulo 16

As Runas na Quiromancia – Os Sinais dos Deuses Nórdicos Gravados na Pele

As runas sempre me chamaram a atenção. Durante minha jornada mágica, tive a oportunidade de estudar a fundo esses símbolos sagrados, e inclusive visitar terras nórdicas, onde senti, de verdade, a força ancestral vibrando em cada paisagem, pedra e sopro do vento. Lá, percebi que as runas não são apenas letras de um antigo alfabeto — são energias vivas. São sopros dos deuses, mensagens da natureza, ciclos que se repetem e se revelam em nós.

Na quiromancia, as runas podem se manifestar espontaneamente nas mãos, em marcas naturais, desenhos de linhas ou sinais que se formam como se quisessem ser lidos. Quando isso acontece, é como se a própria palma se tornasse um altar, um canal direto com o sagrado. Um lembrete de que aquela pessoa carrega consigo uma herança espiritual poderosa, um chamado ou uma conexão profunda com as forças da natureza.

A presença de uma runa numa mão nunca é por acaso. O local onde ela aparece — seja em um monte, falange ou linha — e a forma como está orientada (em pé, invertida, sozinha ou ao lado de outras marcas) revelam mensagens específicas: sobre dons, desafios, ciclos de transformação ou até mesmo bênçãos espirituais guardadas ali.

Neste capítulo extra, vamos mergulhar na sabedoria do Elder Futhark, o mais antigo dos alfabetos rúnicos conhecidos, trazendo o significado de cada runa e sua interpretação dentro da quiromancia. Cada símbolo será lido com o mesmo carinho com que se lê uma linha do destino, com a mesma sensibilidade com que se escuta uma história sendo sussurrada pelas mãos.

Porque as mãos, assim como as runas, também são códigos da alma — e quando esses dois mundos se encontram, a leitura se transforma em magia pura.

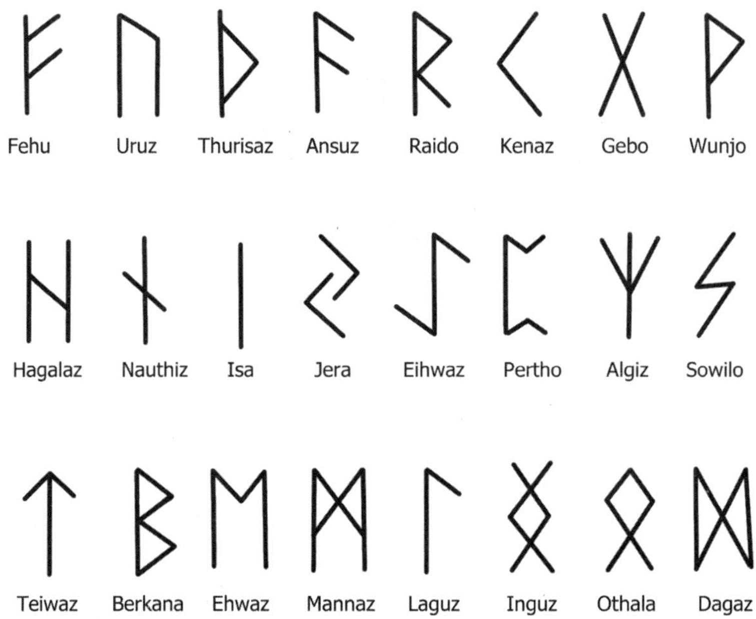

1ª Aettir – As Runas do Início, da Força e da Criação

Essa primeira família rúnica é como o nascimento da vida. Ela carrega a centelha do começo, o sopro da criação, os impulsos que nos movem. São runas que falam de força, movimento, desejo, conquista e despertar espiritual. Aqui, o Universo ainda está se desenrolando, o corpo ainda está tomando forma, e a alma se lembra de quem é. São runas para quem está iniciando algo novo — ou renascendo de si mesmo.

Fehu (ᚠ) – Prosperidade e Novos Começos

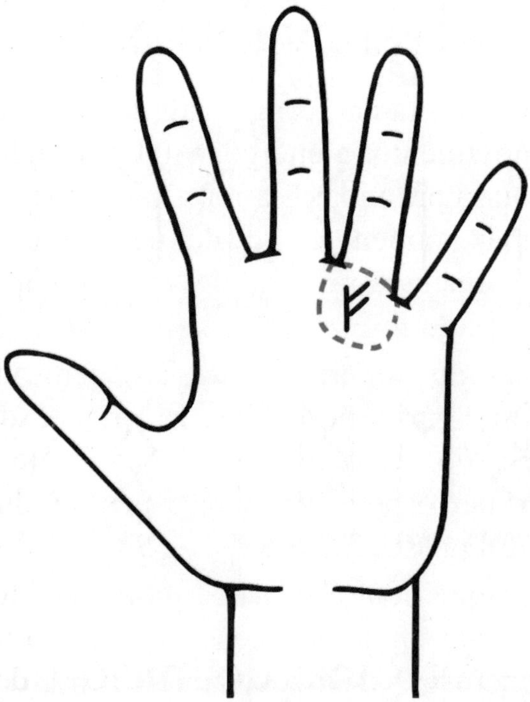

Fehu é o fogo que acende a tocha do início. É a energia da abundância circulando, das portas que se abrem, do que começa com força e fé. Representa o poder de criar com as próprias mãos, de transformar desejo em realidade e de ver a colheita brotar onde antes só havia intenção.

Essa runa carrega o ouro da terra e a faísca do céu. É o símbolo de tudo que floresce quando há dedicação e amor no que se faz. Ela também fala de merecimento: da prosperidade que vem quando estamos alinhados com nosso valor, com nossa capacidade de receber e com a confiança de que a vida é fértil para quem sabe cuidar do seu jardim interior.

Fehu é a lembrança de que tudo tem um começo — e que esse começo pode ser mágico, abundante e cheio de brilho.

Uruz (ᚢ) – Força e Vitalidade

Uruz é a força bruta da Terra, o rugido da ancestralidade, o corpo em movimento, a energia vital pulsando como um tambor chamando pra vida. Ela representa o instinto de sobrevivência, mas também a força de reconstrução depois da queda. Uruz é aquela parte sua que, mesmo cansada, ainda insiste. Que, mesmo ferida, ainda se levanta.

É uma runa de superação, de coragem visceral, de reencontro com o próprio poder. Ela não é delicada — é intensa. Fala do momento em que a gente precisa se posicionar, erguer o peito, firmar os pés no chão e dizer: "Eu aguento. Eu posso. Eu vou."

Uruz lembra que dentro de você mora uma força ancestral que já superou muitas existências, e que o seu corpo é um templo poderoso — sagrado, sábio e capaz de atravessar qualquer tempestade.

Thurisaz (ᚦ) – Proteção e Desafios

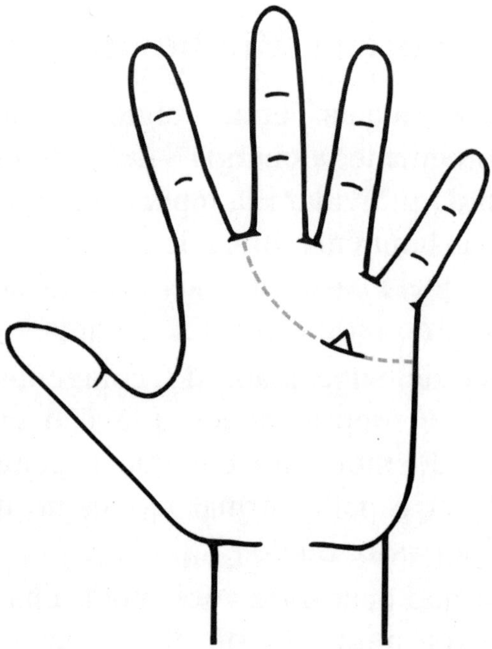

Thurisaz é a runa do portal. Ela representa os guardiões, as barreiras que nos protegem, mas também os espinhos do caminho. Essa runa te desafia, mas não pra te machucar — e sim pra te fortalecer. Ela mostra que nem tudo que fere é destruição; às vezes, é lapidação.

É uma energia de defesa espiritual, de coragem estratégica, de saber escolher as batalhas com sabedoria. Thurisaz nos ensina a dizer não, a criar limites, a olhar pro perigo sem medo e a atravessar as sombras com a luz acesa por dentro. É como um escudo rúnico gravado na alma.

Ela também fala dos desafios inevitáveis: aqueles que nos forçam a crescer, mesmo quando tudo dentro de nós quer se encolher. Thurisaz é dura, mas justa. É a força que separa o que precisa ficar do que já não serve mais.

Ansuz (ᚨ) – Comunicação e Sabedoria

Ansuz é o sopro dos deuses. É o verbo que se manifesta, a palavra que cura, o conselho que chega na hora certa. Essa runa fala da comunicação sagrada — não só com os outros, mas com o invisível. É a voz da intuição, a conversa com os guias, o canto que vem do coração.

Ansuz é o canal aberto entre o plano espiritual e o mental. Ela traz sabedoria ancestral, mas também a clareza de pensamento e a eloquência para ensinar, guiar e inspirar. É uma runa de oráculos, de magos, de poetas e de quem transforma o mundo com a palavra certa, no momento certo.

Com Ansuz, aprendemos a escutar com a alma e a falar com verdade. Ela nos conecta com o poder do som e com o dom de transformar pela fala — seja ela falada, escrita, cantada ou sentida.

Raido (ᚱ) – Jornada e Movimento

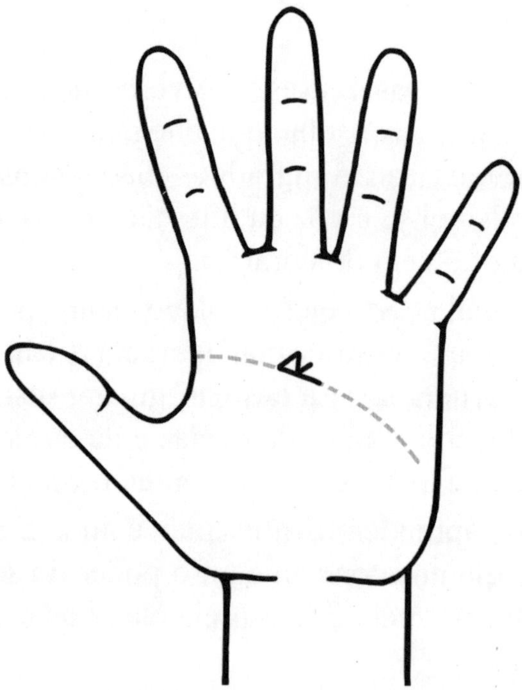

Raido é a estrada. É o movimento da alma em busca do seu caminho. Essa runa fala de transições, de viagens (internas e externas), de mudanças que nos colocam em movimento e da sabedoria que se adquire ao caminhar.

Ela representa o deslocamento necessário: quando a alma já não cabe mais onde está e precisa ir. Raido é a carruagem do destino nos levando para um novo ponto da espiral da vida. Às vezes com calma, outras com urgência — mas sempre com direção.

Essa runa nos ensina que o caminho é tão importante quanto a chegada. Que cada passo traz uma lição, e que viajar com consciência é se permitir ser moldado pelo vento, pelo chão e pelos encontros que surgem pelo trajeto. Com Raido, a vida deixa de ser estagnação e vira dança.

Kenaz (ᚲ) – Iluminação e Criatividade

Kenaz é a tocha acesa no meio da escuridão. É a runa da clareza, do insight, da fagulha que desperta uma nova visão. Ela fala da criatividade como fogo sagrado, da inspiração que vem de dentro e da luz que emerge mesmo nos momentos mais sombrios.

Essa runa revela dons artísticos, intuições poderosas e a capacidade de enxergar além da aparência. Ela mostra que todo processo criativo é, no fundo, uma cura — uma forma de iluminar partes nossas que estavam adormecidas. Kenaz é como acender uma vela dentro do próprio coração.

É a chama da arte, da expressão, da mente que conecta pontos e cria pontes entre o visível e o invisível. Kenaz lembra: quando você cria, você transforma — e quando você transforma, você cura.

Gebo (X) – União e Presentes

Gebo é o presente que a vida nos dá — e que também oferecemos ao mundo. É a runa da troca justa, da parceria, da reciprocidade. Ela representa o equilíbrio entre dar e receber, entre oferecer com o coração e aceitar com gratidão.

Essa runa fala de relações que curam, de pactos sagrados, de encontros que vêm pra somar. Gebo também é uma oferenda: a lembrança de que o que damos com amor volta com amor — talvez não da mesma forma, mas com a mesma energia.

Ela nos lembra de que estamos sempre em troca com o Universo. Cada gesto é uma semente. E Gebo garante: se você semear com alma, a colheita virá em forma de bênçãos.

Wunjo (ᚹ) – Alegria e Realização

Wunjo é a runa do contentamento. Ela fala da paz depois da tempestade, do sorriso leve, do coração que encontra seu lugar. É o símbolo da alegria genuína — aquela que não depende de conquistas externas, mas que nasce do simples fato de estar alinhado com sua essência.

É a energia da realização emocional, da harmonia com a vida, do prazer de viver de forma autêntica. Wunjo também celebra o amor, as amizades verdadeiras, os momentos simples que transbordam sentido.

Quando essa runa se apresenta, é sinal de que algo se alinha dentro de você — e, com isso, o mundo ao redor também floresce. É a runa que sussurra: "Você está exatamente onde deveria estar."

2º Aett (Aett de Heimdall): Desafios e Transformações

Hagalaz (ᚺ) – A Tempestade que Transforma

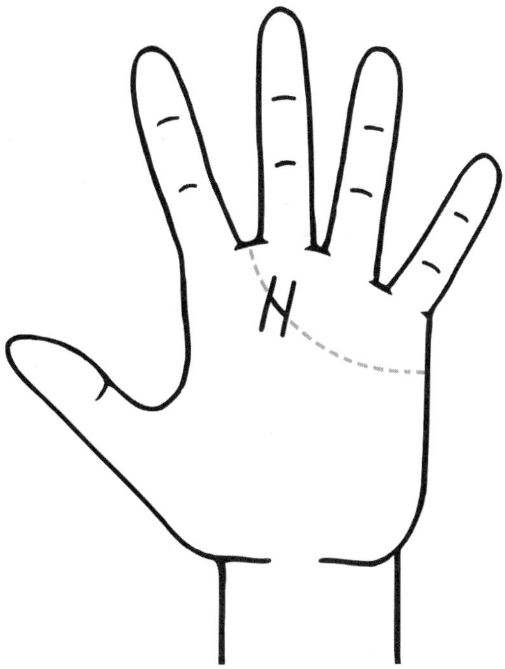

Hagalaz (ᚺ) é a tempestade repentina, a força primordial do granizo que cai do céu. Essa runa é uma dança feroz da natureza, símbolo de transformação pelo caos e pela renovação abrupta. Hagalaz traz a energia do inesperado, quebrando estruturas desgastadas para que algo novo possa florescer. Como o gelo que despenca e congela o momento apenas para, em seguida, derreter e nutrir a terra, Hagalaz nos lembra que mesmo nas provações há o germe da mudança e do crescimento.

Palavras-chave: caos, ruptura, transformação, despertar, reconstrução.

Nauthiz (ᚾ) – O Fogo da Necessidade

Nauthiz (ᚾ) é a runa da necessidade, a chama forjada pelo atrito da adversidade. Em seu traço austero, sentimos o anseio que queima em nossos corações quando tudo ao redor parece escuro. Nauthiz é a faísca sagrada gerada pelo encontro entre o desafio e a vontade, lembrando-nos de que a necessidade pode ser a mãe da magia mais profunda. Sua energia é de resistência e criação sob pressão, transformando a falta em abundância através da determinação e do desejo fervoroso.

Palavras-chave: limitação, esforço, superação, desejo, força interior.

Isa (ᛁ) – O Gelo Sagrado

Isa (ᛁ) é o gelo silencioso que repousa sobre a água, imobilizando o tempo com sua quietude cristalina. Isa traz a energia da pausa e da introspecção, um momento de calma absoluta em meio ao turbilhão da vida. Seu toque frio conserva e protege, convidando à meditação profunda e à concentração no essencial. Assim como um lago congelado reflete o céu, Isa reflete a alma interior, revelando verdades serenas ocultas na quietude, até que o gelo se derreta e o fluxo da vida retome seu curso.

Palavras-chave: pausa, silêncio, introspecção, concentração, contemplação.

Jera (ᛃ) – A Colheita do Tempo

Jera (ᛃ) é o ciclo da colheita, a roda do ano girando em sua cadência sagrada. Jera sussurra os segredos do tempo, lembrando-nos de que cada semente plantada um dia dará fruto sob a luz do sol. É a runa da recompensa merecida e da paciência fértil; nela reside a certeza de que todas as estações têm sua dádiva. Sua energia flui em ritmos cíclicos, unindo fim e começo, semeando esperança no inverno e celebrando a abundância no verão.

Palavras-chave: ciclos, paciência, amadurecimento, colheita, equilíbrio.

Eihwaz (ᛇ) – O Portal do Teixo

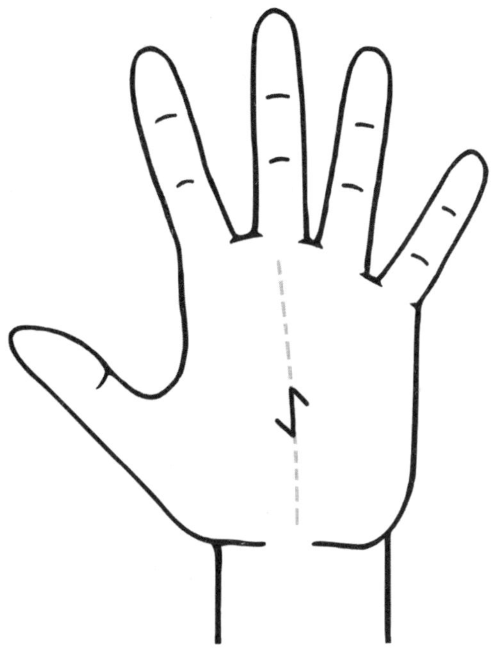

Eihwaz (ᛇ) é o portal do teixo, árvore sagrada que une Terra e Céu, Vida e Morte. Nessa runa habita o mistério da transformação e da transcendência; sua forma evoca o tronco robusto que se aprofunda nas raízes e se eleva aos céus. Eihwaz guarda a resiliência diante das provações, a força silenciosa de quem compreende que cada fim é um prelúdio de renascimento. Como um arco que liga dois mundos, ela nos conduz com proteção ancestral através das sombras, revelando a eternidade contida em cada momento.

Palavras-chave: transição, proteção, sabedoria, firmeza, renascimento.

Perthro (ᛈ) – O Cálice do Mistério

Perthro (ᛈ) é o cálice do destino, a runa enigmática do mistério e do acaso. Em Perthro reside a sabedoria oculta dos oráculos, o ventre escuro onde as Nornes tecem os fios do destino. Essa runa nos lembra de que nem tudo nos é revelado; há segredos guardados nas dobras do universo esperando o momento de emergir. Sua energia é a da sorte lançada ao vento, da descoberta da própria essência através do desconhecido, convidando-nos a confiar no fluxo do cosmos e nas surpresas sagradas que ele reserva.

Palavras-chave: mistério, revelação, sorte, intuição, destino oculto.

Algiz (ᛉ) – A Proteção Divina

Algiz (ᛉ) é o símbolo protetor, como uma mão que se ergue em prece ou como galhos de um carvalho apontando ao céu. É a runa do guardião, uma bênção de proteção divina e conexão espiritual. Em seu traçado, sentimos a presença do sagrado que nos envolve e ampara contra os perigos invisíveis. Sua energia é como um escudo luminoso: desperta a intuição vigilante e a coragem serena, lembrando-nos de que nunca caminhamos sozinhos e que há forças ancestrais nos guiando e protegendo.

Palavras-chave: proteção, conexão espiritual, guia, intuição, força sutil.

Sowilo (ᛋ) – A Luz da Vitória

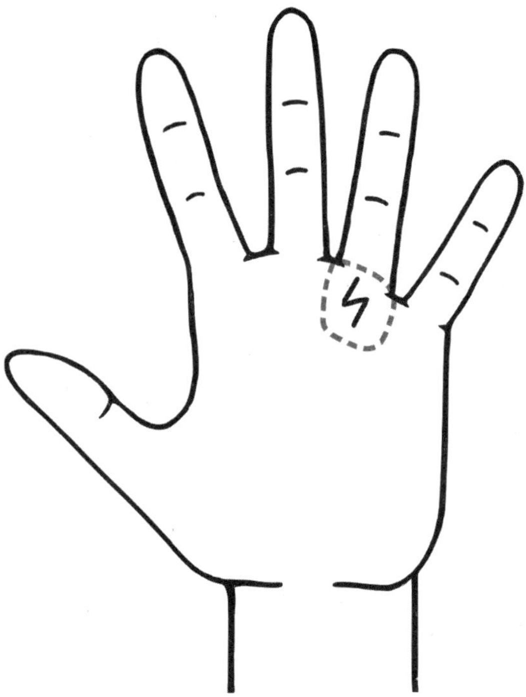

Sowilo (ᛋ) é o sol vitorioso ascendendo no horizonte, fonte de vida, luz e plenitude. Essa runa brilha com a força da realização e da clareza, dissipando as sombras da dúvida com seu calor radiante. Ela é a chama interior que jamais se apaga, alimentando a alma com esperança, vitalidade e alegria. Em sua energia solar encontramos o caminho iluminado para a vitória pessoal e a compreensão profunda de nossa essência, tal como a aurora que revela um novo dia repleto de possibilidades.

Palavras-chave: luz, clareza, sucesso, vitalidade, alegria.

3º Aett (Aett de Tyr): Sabedoria, Justiça e Destino

Tiwaz (ᛏ) – A Lança da Justiça

Tiwaz é a coragem sagrada de lutar por aquilo que é certo. É a runa dos líderes honestos, dos guerreiros espirituais, dos que não se corrompem. Fala de integridade, sacrifício consciente e direção reta. Tiwaz não busca a glória pelo ego, mas a vitória da alma alinhada ao bem maior.

Palavras-chave: justiça, sacrifício, honra, liderança, coragem.

Berkana (ᛒ) – O Útero da Terra

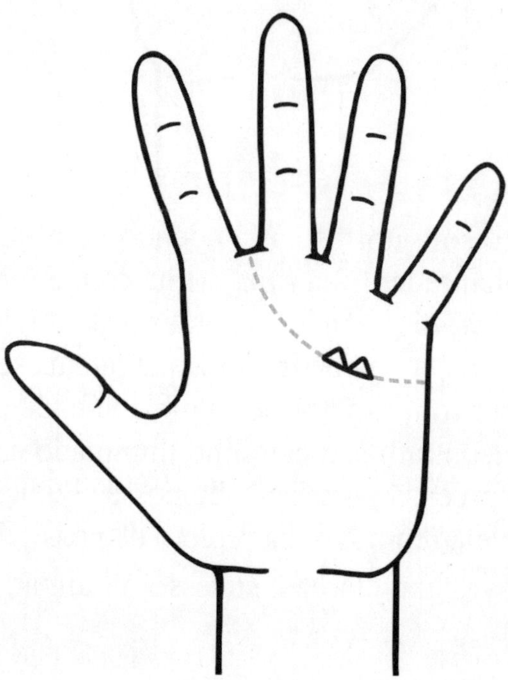

Berkana é o ventre fértil que gera cura e renascimento. É uma runa feminina, maternal, que envolve em amor, nutre com sabedoria e acolhe com doçura. Representa novos começos, crescimento delicado e o florescer daquilo que é sutil. Berkana fala de gestação espiritual e de renascimentos profundos.

Palavras-chave: cura, renascimento, fertilidade, amor materno, florescimento.

Ehwaz (ᛖ) – A Parceria que Move

Ehwaz é o cavalo e o cavaleiro, o movimento que só acontece quando há confiança. Essa runa fala da força dos vínculos, da beleza de caminhar junto, de parcerias que nos fortalecem. Ela lembra que muitas conquistas só se manifestam quando nos unimos a quem vibra no mesmo ritmo.

Palavras-chave: parceria, movimento, confiança, aliança, colaboração

Mannaz (ᛗ) – O Ser Humano Desperto

Mannaz é a runa da humanidade consciente. Fala de autoconhecimento, da nossa capacidade de refletir sobre quem somos e do nosso lugar no mundo. Representa inteligência emocional, empatia, cooperação e a sabedoria de viver em comunidade. Um chamado para ser sua melhor versão — com alma, com verdade.

Palavras-chave: autoconhecimento, humanidade, empatia, comunidade, sabedoria.

Laguz (ᛚ) – A Água do Inconsciente

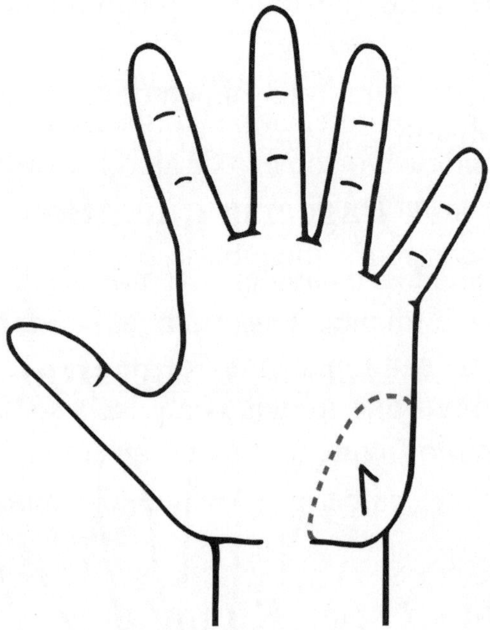

Laguz é o rio da alma, a fluidez das emoções e a voz da intuição. É uma runa que convida ao mergulho, ao sentir profundo, à conexão com o feminino sagrado. Representa a sensibilidade, os ciclos da lua, o sonho e a cura. Laguz é a bruxa que dança com as marés.

Palavras-chave: intuição, emoção, espiritualidade, feminino sagrado, cura.

Ingwaz (◊) – O Poder que Dorme

Ingwaz é a semente que ainda não brotou, mas já carrega toda a floresta. É a runa do potencial latente, da força acumulada, do que está sendo gestado em silêncio. Representa foco interno, preparo antes da ação e o momento de recolher-se para florescer depois com plenitude.

Palavras-chave: potencial, preparo, gestação, transformação, energia acumulada.

Dagaz (ᛞ) – O Despertar da Aurora

Dagaz é a virada mágica entre a noite e o dia, a transição iluminada que traz clareza total. É uma runa de revelação, de libertação e de alegria. Representa transformação com leveza, o fim de um ciclo sombrio e o começo de algo incrivelmente melhor. É um novo eu despertando.

Palavras-chave: renascimento, despertar, clareza, mudança positiva, liberdade.

Othala (ᛟ) – A Herança Ancestral

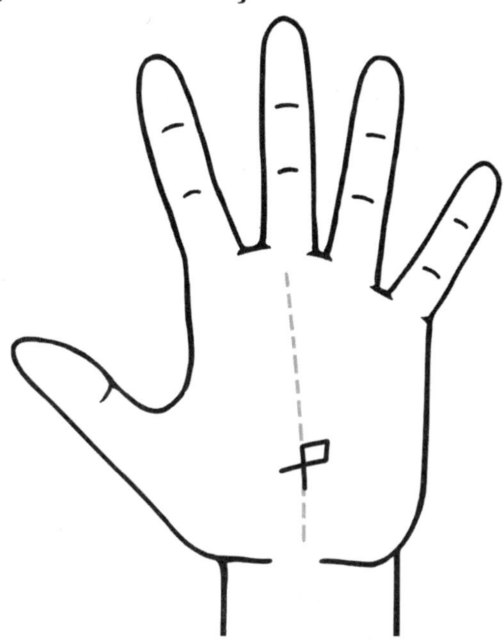

Othala é a casa da alma, o lugar onde pertencemos mesmo quando estamos longe. É a runa das raízes, da ancestralidade, da herança espiritual e cultural que nos sustenta. Ela fala de pertencimento, de memória, de conexão com os que vieram antes e dos valores que levamos adiante com amor.

Palavras-chave: ancestralidade, herança, pertencimento, tradição, conexão com o sagrado.

Conclusão:

As runas são como pequenos mapas sagrados, talhados com sabedoria ancestral, que nos guiam pelos caminhos da alma. Cada Aett revela uma etapa da nossa jornada espiritual — o despertar, os desafios e, por fim, a colheita da sabedoria. Assim como as linhas das nossas mãos, elas contam histórias antigas, profundas, que não se leem apenas com os olhos, mas com o coração aberto à escuta.

A quiromancia e as runas caminham lado a lado: ambas são formas de ouvir o invisível, de traduzir a linguagem do destino e de lembrar que o divino mora em cada detalhe. Enquanto as runas nos falam em símbolos, a mão nos fala em traços vivos, pulsantes, únicos. Ambas são espelhos — uma esculpida pela história dos deuses, outra escrita pela nossa própria alma.

Espero que, ao encerrar este capítulo, você sinta as runas pulsarem junto com suas mãos. Que perceba que o mistério não está fora, mas dentro de você, e que tanto as runas quanto a palma da sua mão são apenas chaves para essa porta mágica que leva ao seu interior.

Capítulo 17

A Quiromancia como Caminho de Autodescoberta e Inspiração

A jornada pela quiromancia é tão vasta quanto fascinante. Ao longo deste livro, exploramos as nuances de linhas, montes, símbolos e marcas que compõem o mapa único que cada mão carrega. Estudamos as conexões entre o físico e o espiritual, compreendendo que, embora nossas mãos possam revelar muito sobre quem somos, elas também refletem nosso potencial de transformação.

Neste capítulo final, reunimos os temas centrais da quiromancia para uma reflexão inspiradora, trazendo dicas práticas para iniciantes, explorando seu papel no mundo moderno e enfatizando a ética necessária para praticar essa arte de forma responsável.

A Ética na Quiromancia

Praticar quiromancia é, acima de tudo, uma experiência de conexão com o outro. Quando alguém nos estende a mão, literalmente está oferecendo uma parte de si, com suas histórias, medos, esperanças e segredos. É fundamental tratar esse momento com respeito, sensibilidade e responsabilidade.

Princípios Éticos Fundamentais:

1. **Respeito à Privacidade:**
   As mãos carregam segredos pessoais; compartilhe apenas o que a pessoa está pronta para ouvir.
2. **Evitar Determinismos:**
   A quiromancia é um guia, não uma sentença. Reforce a ideia de que a pessoa pode moldar seu destino, independentemente do que as mãos revelem.
3. **Empatia e Cuidado:**
   Use as leituras para empoderar, nunca para alarmar ou assustar. Mesmo em momentos desafiadores, ofereça uma perspectiva positiva e orientadora.
4. **Autenticidade:**
   Seja honesto sobre o que você sabe e o que está aprendendo. A confiança é essencial para construir uma conexão verdadeira com quem busca orientação.

A Quiromancia no Mundo Moderno

Apesar de sua origem ancestral, a quiromancia mantém sua relevância nos dias de hoje. Em um mundo marcado pela pressa e pela desconexão, olhar para as próprias mãos — ou para as de outra pessoa — é um ato de presença e atenção. É um convite para se reconectar com o que há de mais autêntico em nós.

Como Usar a Quiromancia Hoje:

1. **Ferramenta de Autoconhecimento:**
   Estudar as próprias mãos pode ajudar a identificar padrões, reconhecer talentos e refletir sobre o caminho percorrido.
2. **Orientação em Momentos de Dúvida:**
   Ofereça leituras como um espaço de acolhimento e introspecção, ajudando as pessoas a explorarem possibilidades e enfrentarem desafios com mais clareza.
3. **Integração com Outras Práticas Espirituais:**
   A quiromancia pode complementar disciplinas, como astrologia, numerologia e até práticas de meditação. Cada uma oferece uma perspectiva única sobre a jornada humana.

Dicas para Iniciantes na Quiromancia

Se você está começando a explorar a quiromancia, saiba que essa é uma arte que requer paciência, prática e, acima de tudo, curiosidade. Aqui estão algumas dicas práticas para iniciar sua jornada:

1. **Crie um Diário de Mãos:**
   Registre as mãos que você estuda. Anote características de linhas, montes e marcas, e observe como elas se conectam às histórias pessoais das pessoas.
2. **Observe Várias Mãos:**
   Compare mãos de diferentes idades, gêneros e contextos. Isso ajuda a identificar padrões e variações.
3. **Pratique em Si Mesmo:**
   Suas próprias mãos são um laboratório. Observe como suas linhas mudam com o tempo e o que isso reflete sobre suas experiências.
4. **Use Ferramentas Complementares:**
   Combinar a quiromancia com outros métodos divinatórios pode enriquecer suas interpretações. Por exemplo, conecte os montes da mão com os planetas na astrologia.
5. **Busque Feedback:**
   Compartilhe suas leituras com amigos ou mentores e esteja aberto a aprender com diferentes perspectivas.

A Quiromancia como Caminho de Empoderamento

Talvez o maior presente que a quiromancia oferece seja o empoderamento. Ao revelar aspectos da personalidade e potencialidades, ela nos lembra de que, apesar das influências externas, o poder de decidir está em nossas mãos — literalmente.

Mensagens de Reflexão

- **"Quem faz o destino é você":**

  As linhas e os montes são guias, mas não prisões. Eles mostram tendências, não certezas. O verdadeiro poder está nas escolhas que fazemos diariamente.

- **"Nossas mãos como ferramentas de transformação":**

  Assim como usamos nossas mãos para construir, criar e expressar, também podemos moldar nosso caminho. A quiromancia é um espelho do que podemos ser, mas a decisão de agir cabe a cada um de nós.

Conclusão Inspiradora

Ao encerrar este livro, quero compartilhar algo que aprendi ao longo dos anos: a quiromancia é muito mais do que uma técnica divinatória. Ela é um portal para o autoconhecimento, uma arte que nos conecta com a essência do ser humano e nos lembra de que cada mão conta uma história única, tão singular quanto a jornada de quem a carrega.

Estudar quiromancia não é apenas compreender os outros, mas também mergulhar em nós mesmos. Minhas mãos me ensinaram que a vida é feita de caminhos que se desdobram a cada escolha, e que, dentro de cada linha, há um universo de possibilidades esperando para ser descoberto.

Agora, espero que você, querido leitor, leve consigo essa magia e esse encantamento. Que ao olhar para suas mãos, você enxergue não apenas marcas e linhas, mas portas abertas para novos entendimentos, caminhos e sonhos.

Que suas mãos sejam bússolas, guiando você com amor, sabedoria e coragem. Que a jornada que começa agora seja repleta de descobertas, luz e inspiração. E, acima de tudo, que você nunca se esqueça: o destino está, literalmente, em suas mãos.

Com carinho,
Victor Valentim

Referências

A seguir, estão as principais fontes de pesquisa, inspiração e aprendizado que contribuíram para a criação deste livro. Cada obra trouxe um pedaço de sabedoria, ajudando a construir um guia completo e acessível sobre a quiromancia.

1. **Cheiro, William John Warner.** *Cheiro's Language of the Hand*. Londres: George Redway, 1897.

   Uma das obras mais icônicas da quiromancia moderna, explorando linhas, montes e símbolos em profundidade.

2. **Benham, William G.** The Laws of Scientific Hand Reading. Nova York: G. P. Putnam's Sons, 1900.

   Um clássico que combina análise sistemática com fundamentos esotéricos.

3. **Hutchinson, Edward.** The Book of Palmistry. Chicago: Rand McNally, 1925. Um guia detalhado sobre quiromancia tradicional e suas raízes em várias culturas.

4. **Walker, Jane.** The Secrets of Palmistry. Londres: Sterling Publishing, 1994. Uma introdução clara e prática para leitores contemporâneos.

5. **Hitchcock, Susan M.** Palmistry: How to Chart the Lines of Your Life. Nova York: Dorling Kindersley, 1997.

Uma abordagem visual moderna para entender as linhas e as formas das mãos.

6. **D'Arpentigny,** Casimir Stanislas. La Chirognomie. Paris: Gabriel de Gonet, 1843.

A base do método de Arpentigny, focando a forma das mãos e os temperamentos.

7. **Brahmananda Sarasvati.** The Ancient Art of Palmistry. Mumbai: Hindu Wisdom Books, 1972.

Explora as conexões entre quiromancia e astrologia védica.

8. **St. Germain, Comte de.** Practical Palmistry. Chicago: The Occult Publishing House, 1897.

Um livro prático para iniciantes e estudiosos avançados.

9. **Lewis, M. A.** The Hidden Power in Your Hands. Nova York: Harper & Row, 1988.

Relaciona a quiromancia à psicologia e ao autoconhecimento.

10. **Harris, Lori Reid**. Palm Reading Made Easy. Londres: Thorsons, 1996. Um guia acessível e prático, ideal para iniciantes.

MADRAS ® *Editora* **CADASTRO/MALA DIRETA**

Envie este cadastro preenchido e passará a receber informações dos nossos lançamentos, nas áreas que determinar.

Nome ____________________

RG ____________ CPF ____________

Endereço Residencial ____________________

Bairro ____________ Cidade ____________ Estado ____

CEP ____________ Fone ____________

E-mail ____________________

Sexo ❑ Fem. ❑ Masc. Nascimento ____________

Profissão ____________ Escolaridade (Nível/Curso) ____________

Você compra livros:

❑ livrarias ❑ feiras ❑ telefone ❑ Sedex livro (reembolso postal mais rápido)

❑ outros: ____________________

Quais os tipos de literatura que você lê:

❑ Jurídicos ❑ Pedagogia ❑ Business ❑ Romances/espíritas

❑ Esoterismo ❑ Psicologia ❑ Saúde ❑ Espíritas/doutrinas

❑ Bruxaria ❑ Auto-ajuda ❑ Maçonaria ❑ Outros:

Qual a sua opinião a respeito dessa obra? ____________________

____

Indique amigos que gostariam de receber MALA DIRETA:

Nome ____________________

Endereço Residencial ____________________

Bairro ____________ Cidade ____________ CEP ____________

Nome do livro adquirido: ***O Livro Completo da Quiromancia***

Para receber catálogos, lista de preços e outras informações, escreva para:

MADRAS EDITORA LTDA.
Rua Paulo Gonçalves, 88 — Santana
CEP: 02403-020 — São Paulo/SP
Tel.: (11) 2281-5555 - (11) 98128-7754
www.madras.com.br